PAUL EUDEL

NANTES en 1792

NANTES
IMPRIMERIE A. DUGAS & Cie
5, QUAI CASSARD

1909

offert à la Bibliothèque nationale

Paul Eudel

NANTES en 1792

3147

Extrait du Bulletin de la Société Archéologique de Nantes et de la Loire-Inférieure

Paul EUDEL

NANTES

en 1792

NANTES
Imprimerie A. DUGAS & Cie
5, Quai Cassard, 5
- 1909 -

TIRAGE NUMÉROTÉ

---

1 Exemplaire sur Japon.
2 — sur Wateman.
25 — sur papier ordinaire.

---

n° 7

NANTES EN 1792

PRÉAMBULE

Les Étrennes Nantaises

Mon ami Alexandre Perthuis n'était pas un collectionneur égoïste ; il aurait volontiers inscrit sur les pièces rares qu'il possédait l'*et amicorum* du bibliophile Grolier. « Tiens ! me dit-il un jour, j'ai vu votre nom sur les *Étrennes Nantaises* de 1793 ; il y avait un Eudel dans les douanes ; je vous rechercherai le petit bouquin. » L'excellent homme fit mieux que trouver le livre, il l'offrit à ma curiosité ardente, et prenant à peine le temps de le remercier, mes yeux cherchèrent, sur son indication, la page 113, pour me voir confirmer ce que je savais déjà, qu'un de mes ancêtres était, en 1793, inspecteur fédéral de la régie des douanes à Nantes.

Aspect extérieur

Puis je regardai le petit volume, bien fait pour réjouir l'œil d'un amateur. Il était en maroquin rouge, un peu terni par l'usage. C'était l'œuvre, assez gauche, d'un relieur de province. Des filets de dentelle dorée encadraient les plats de la couverture. Au centre et des deux côtés, un médaillon de forme ovale reproduisait naïvement la prise de la Bastille ; du sommet de la forteresse aux tours percées et crénelées, la garnison se défendait en échangeant des coups de fusil avec un flot d'assaillants massés sur un pont. Au premier plan, près d'une pile de boulets, des Gardes-Françaises, pactisant avec l'émeute, mettaient le feu à un canon, tandis qu'accourait la foule des héros, qu'on a appelés hyperboliquement « les vainqueurs de la Bastille »,

A la loupe, on distinguait encore des flocons de fumée, des drapeaux déployés, des barils de poudre, et le contraste était amusant entre les personnages figés dans leurs attitudes et le mouvement de l'assaut dont l'artiste avait voulu donner l'idée.

Un papier à fleurs, où la dorure éclatait encore par places, était collé sur les gardes et complétait l'aspect extérieur du livre, qui avait dû faire les délices d'un bon patriote du temps.

Le texte

Le contenu répondait-il au contenant ? C'est ce que je vais essayer de vous dire. Je ne vous promets pas d'être bref. Ces *Étrennes* qui, selon l'usage des almanachs, durent être préparées dans le cours de l'année 1792 et étaient publiées à la fin du mois de novembre de cette année, et peuvent me servir à tracer un tableau de Nantes à l'époque révolutionnaire. Que les âmes sensibles se rassurent d'ailleurs, il ne sera question ni de la guillotine du Bouffay, ni des noyades de la Loire, ni des horribles fusillades de Gigant. Les *Étrennes* sont *pour* 1793, et non de 1793, quoique portant, au titre, le millésime de l'année terrible. Elles s'arrêtent au moment précis où, les élections ayant eu lieu pour la Convention Nationale, les députés ont accompli ce grand acte, la proclamation de la République (22 septembre 1792). Elles ont malgré tout, pour ainsi parler, un pied dans l'ancien régime, un pied dans le nouveau, et témoignent de tendances libérales, avec un vieux fond de convictions monarchiques et catholiques; ce sont des Etrennes en habit d'arlequin.

Le titre

Il est piquant de reproduire leur titre, encadré, comme la reliure, de petits filets et de mailles de chaînes. *Etrennes Nantaises Ecclésiastiques, Civiles et Nautiques pour l'année commune* 1793, *calculées pour le méridien de Nantes.* A Nantes, chez Veuve Despilly, imprimeur-libraire, Haute-Grande-Rue, près celle du Soleil, n° 46. Première année de la République Française.

Sans nous arrêter à ce qu'il y a de naïvement bizarre

dans la juxtaposition des trois adjectifs : « ecclésiastiques, civiles, nautiques », nous apprenons que le méridien de Nantes faisait alors autorité, que le numérotage des rues y était établi (il ne l'a été à Paris qu'en 1792) et que la rue Beau-Soleil d'aujourd'hui s'appelait rue du Soleil.

Spécialités de la veuve Despilly.

Poursuivons. Un petit avis, qui nous guette au verso du titre, ne manque pas de saveur. La veuve Despilly prie les personnes « qui prennent part à ces étrennes et qui s'intéressent à leur perfection », de lui envoyer leurs instructions, observations et changement de demeure dans la première quinzaine de novembre. Elle ne s'en tient pas là ; après une réclame pour sa maison, où l'on trouve un assortiment de livres en tout genre, français et étrangers, tous les *papiers-nouvelles* (*sic*), gazettes et journaux, des papiers de toutes grandeurs de France et de Hollande, de l'encre, des plumes, de la cire, des pains à cacheter et tout ce qui concerne les cabinets (nous dirions aujourd'hui, pour éviter l'équivoque, *les fournitures de bureau*), elle annonce qu'elle tient *l'huile de sperme de baleine* noire et blanche, pour les souliers et les bottes. C'est une huile extraordinaire qui conservait le cuir dans sa souplesse, ayant l'avantage de ne point tacher, affirmant sa supériorité sur les cirages présents et à venir. On ne s'attendait point tout de même à rencontrer un produit de ce genre et si bizarrement dénommé chez la veuve Despilly, pourvue d'une imprimerie assez complète pour exécuter tous les ouvrages qu'on voudra bien lui confier et se faisant fort que l'activité et la correction qu'elle apportera aux impressions lui mériteront la confiance du public. Continuant le commerce de feu son mari, qui avait transformé, en 1782, les *Etrennes Nantaises*, de Verger et Vatar, en *Etrennes ecclésiastiques, civiles et nautiques*, la veuve Despilly, fort experte en affaires, voulait avoir, comme on dit, plusieurs cordes à son arc. Le mélange d'huile de sperme de baleine et d'encre d'imprimerie est assez peu banal on l'avouera; il aurait réjoui les mânes des vieux poètes savetiers, fabricants de pièces et rapetasseurs de rimes dont la race s'est continuée de nos jours.

Il ne faut pas de place perdue au bas de la page où s'étale l'avis-réclame; une petite note nous avertit qu'il y aura quatre éclipses en 1793; deux seront visibles à Nantes : une, de lune, le 25 février, une, de soleil, le 5 septembre. A cette dernière date s'étaient produits des événements que l'astronome du cru ne pouvait guère prévoir : Carrier terrorisait Nantes, rien d'étonnant à ce que le soleil se cachât.

Les divisions de l'Almanach.

Un « Abrégé chronologique sur la division des âges du monde » occupe la page 3; il devait se répéter dans tous les almanachs de l'époque; il est imbu de cette idée très chrétienne que « comme la semaine se divise en 7 jours, tous les temps aussi, depuis la création jusqu'à présent, se divisent en 7 âges. » Le septième âge commence à la naissance du *divin sauveur* (une expression qui dut déplaire aux jacobins nantais, habitués du club de Vincent la Montagne).

Les *Etrennes Nantaises*, en dépit des concessions qu'elles doivent faire à l'esprit nouveau, sont d'ailleurs d'une orthodoxie parfaite. Leurs rédacteurs semblent ne pas avoir oublié qu'un poète du XVIe siècle recommandait à l'admiration publique la *catholique Nantes*. Voici le « comput ecclésiastique » avec ses termes mystérieux :Cycle Lunaire, Cycle Solaire, Épacte, Indiction romaine, Lettre dominicale. Voilà le relevé des fêtes mobiles, avec la minutieuse indication des Quatre-Temps, Une note nous avertit du dimanche précédant ou suivant la fête du patron où cette fête doit être célébrée.

Notons en passant que le système planétaire différait en 1792 de ce qu'il est aujourd'hui : on comptait sept planètes au lieu de huit, et encore y comprenait-on le soleil. Les 12 signes du zodiaque étaient septentrionaux et méridionaux. Aucune observation sur le calendrier purement grégorien et de rite français, sans aucun mélange de saints bretons, sans aucune appellation végétale ou animale. La Convention, au surplus, venait à peine de décréter l'adoption du calendrier républicain de Fabre d'Eglantine et de décider que l'année commencerait le 22 septembre.

N'insistons pas sur la *Table des jours lunaires et de la déclinaison du soleil*, qui remplit quatre pages de chiffres. Il est plus intéressant de savoir quelle est l'heure de la pleine mer dans les ports de Bretagne à la nouvelle et à la pleine lune. Les *Etrennes* nous l'apprennent avec une précision parfaite et nous donnent en même temps la liste de ces ports. Près de Brest, de Lorient, du Croisic, de « Belle-Isle, près Vannes », de Saint-Malo, figurent dans un ordre un peu arbitraire, qui se justifie par le classement méthodique des heures de marée, Audierne, le Raz (pointe du Raz) le Conquet, le passage du Four, le Port-Louis, Concarneau, St-Paul (et non St-Pol) de Léon, Port-Blanc, La Roche-Bernard, Cancale. A Nantes même, la table du cours des marées est prise au quai de la Construction, le quai des Constructions actuel. Cette question des marées a une grande importance dans un port. J'ai eu sous les yeux d'anciennes vues du port de Nantes, prise de la Cale aux oranges. Le capitaine du port résidait dans une maison dite encore « Bureau du port », au-dessus de laquelle un grand pavillon flottait; il commandait la manœuvre aux navires qui entraient dans le port et leur donnait des ordres avec son porte-voix. Une connaissance approfondie de son métier lui était indispensable; mais il ne devait pas négliger les renseignements usuels que lui fournissaient les *Etrennes*.

Avant de me servir du petit livre pour reconstituer un tableau de Nantes sous la République, je ne puis passer sous silence le chapitre qui s'intitule : *Idée générale abrégée des états de l'Europe avec les naissances des rois, princes et princesses.* C'est un vrai petit Gotha, d'une naïveté qui a son prix.

Les Etats de l'Europe en 1792

Dans ce défilé de monarchies, la France républicaine ouvre la marche. Un premier paragraphe nous annonce qu'érigée en République le 21 septembre 1792, elle contient 3.000 lieues et qu'on compte près de 28 millions d'habitants répartis « pour l'état ecclésiastique » en évéchés et paroisses et « pour le civil » en 83 départements et 546 districts. L'historien improvisé considère Pharamond comme le premier des 66 rois des trois races : ce n'est pas la théorie nouvelle, car, d'après certains érudits, il n'aurait jamais existé.

Il nous apprend que Paris, qui a six lieues de tour, contient près d'un million d'habitants et forme, à lui seul, un département. Il indique la division des pouvoirs en pouvoir législatif, pouvoir exécutif, pouvoir judiciaire, et donne exactement les attributions, le fonctionnement, de chacun de ces pouvoirs, mais il ajoute, ce que les citoyens de la troisième République n'apprendront pas sans un mouvement d'envie, que la justice est rendue gratuitement et que les juges sont à la nomination du peuple.

Républicain en France, l'annualiste semble royaliste ailleurs; au moins, nomme-t-il, avec une minutieuse complaisance, les princes et princesses de tous les pays de l'Europe, y compris ceux des électorats d'Allemagne et des petits États de l'Italie. Notons comme particularités, que l'Italie proprement dite consiste dans les Etats de l'Eglise; que la Prusse a pour capitale Kônigsberg et pour roi l'électeur de Brandebourg; que Bruxelles est la capitale des Pays-Bas Autrichiens; que la Pologne est un royaume tout comme la Sardaigne; que l'île de Malte appartient à Marie-des-Neiges Emmanuel de Rohan de Pouldue, grand maître de l'ordre; que la Hollande obéit à un stathouder, Venise à un doge, Lucques à un gonfalonier, Raguse à un recteur; Saint-Marin, petit état enclavé dans le duché d'Urbin, et son gouverneur sont sous la protection du Pape. Cette géographie politique nous paraît aujourd'hui du domaine de la pure fantaisie; nous avons peine à nous figurer qu'elle ait été, en 1792, de l'histoire contemporaine.

LE CLERGÉ

Les Évêchés de France.

Ce n'est pas en vain que les *Etrennes Nantaises* sont « ecclésiastiques » avant même d'être « civiles », avant surtout d'être « nautiques ». La question religieuse y tient une très grande place. Si l'on a dit de la vieille France qu'elle avait le catholicisme dans le sang, n'est-ce pas en Bretagne, à Nantes surtout, ville cléricale par excellence, qu'il était aisé de s'en convaincre?

Précédant les nouvelles religieuses locales, un tableau des « évêchés et métropoles de France » est curieux à consulter. Neuf églises métropolitaines et les mêmes qu'aujourd'hui, à la réserve de Tours qui ne fut érigé que plus tard en archevêché. Etait-ce modestie, d'ailleurs, et les évêques constitutionnels ou nommés par la Constitution Civile du Clergé voulaient-ils qu'on leur appliquât le dicton des premiers âges de la chrétienté :

Crosse de bois,
Evêque d'or?

Ils s'imposaient l'égalité; on ne voit pas qu'aucun d'entre eux ait brigué la dignité archiépiscopale, encore moins la pourpre cardinalice. Les métropolitains de Rouen, de Reims, de Paris étaient de simples évêques, comme ceux d'Oléron ou de Saint-Flour. Notons, en passant, que beaucoup d'évêchés ne siégèrent pas au chef-lieu du département. Saint-Maixent, dans les Deux-Sèvres, Saint-Omer, dans le Pas-de-Calais, Sedan, dans les Ardennes, Viviers, dans l'Ardèche, étaient les résidences des évêques constitutionnels Mercadier, Porion, Philbert et Desavine. Seul des départements français, celui du Mont-Blanc, d'annexion récente, n'avait pas encore de pasteur. La plupart de ces hauts dignitaires improvisés, même Gobet, l'évêque de Paris, étaient des inconnus; une exception, au moins, doit être faite pour l'évêque de Blois, Grégoire, auteur d'opuscules nombreux sur la bibliographie, l'émancipation des nègres et les arbres de la liberté, grand parleur qui ne perdait aucune occasion de placer un discours, beaucoup mieux à sa place, en somme, dans une assemblée que dans une église.

Sauf Le Coz, celui de Rennes, et Audren, celui de Vannes, qui eut une fin tragique, les six évêques bretons firent assez peu parler de leurs personnes et de leurs actes. Qui se souvient de Jacob, de Lemasle, d'Expilly, (peut-être un parent de l'éditeur des *Etrennes*) ? Le moins ardent à se mettre en avant n'était pas l'évêque de Nantes, Minée.

L'évêque constitutionnel Minée.

Julien Minée venait de Paris; il était dans le commerce avant d'entrer dans les ordres. Simple prêtre, il s'était fait remarquer dans les clubs par une exaltation républicaine qui le recommanda aux organisateurs de la constitution civile du clergé. Il fut sacré évêque, le 10 avril 1791, sans apparat, à Notre-Dame de Paris. On le nomma d'emblée à Nantes, où il fit son entrée le 15 avril 1791. La municipalité le reçut solennellement et le complimenta à son arrivée à l'Eperonnière le 15 avril 1791, le vendredi de la Passion. A la Cathédrale le *Te Deum* traditionnel fut supprimé. On a prétendu qu'il fut remplacé par l'air :

Où peut-on être mieux qu'au sein de sa famille ?

Le 18 avril on l'accueillait avec enthousiasme au club des Cordeliers de la ville. Le 1er mai, son installation dans l'église cathédrale donnait lieu à des réjouissances. La garde nationale et les clubs l'invitaient à un banquet. Le maire Daniel de Kervegan, qui était de la fête, portait un toast chaleureux « au digne prélat qui ne veut pas séparer les devoirs du prêtre de ceux du citoyen ». L'évêque répondit par une improvisation brillante couverte d'applaudissements.

Le 27 août, sur la place de la Liberté, (ex-place Louis XVI), fut planté un peuplier de 70 pieds de haut, comme arbre de la liberté des Récollets. Des discours enflammés furent prononcés à cette occasion par l'évêque Minée et par François-Sébastien Letourneux, né en 1752, à Saint-Julien-de-Concelles, procureur général depuis 1790 et syndic du département, homme intègre et convaincu, qui s'était, dès le début, rallié aux idées nouvelles.

Bref, l'évêque constitutionnel, dont les écrits du temps relatent l'activité et le zèle patriotique, présidait depuis dix-huit mois aux destinées de l'Église de Nantes « sous l'invocation de Saint-Pierre » quand les *Etrennes* parurent.

Les grands vicaires. Soulastre.

Les vicaires épiscopaux (on dit aujourd'hui vicaires généraux ou grands vicaires) étaient nombreux; on n'en comptait pas moins de douze, sans parler des trois anonymes non encore installés. Ils devaient se confondre avec les chanoines capitulaires. Les quatre premiers désignés avaient des fonctions qui les rapprochaient de l'évêque, car ils habitaient rue Cerutti (aujourd'hui rue de l'Evêché). Ils s'appelaient Soulastre, Binot, Chesneau et Darbefeuille. Ces quatre noms sont à retenir, le premier surtout, Soulastre, qui ne devait pas être Nantais d'origine, mais qui avait été bénédictin du couvent de Vertou, joua un rôle des plus honorables au moment de la destruction partielle de la Cathédrale, accomplie en cette même année 1792. Par suite d'une mauvaise interprétation des ordres du Comité de Salut Public, qui prescrivait l'abolition de tous les signes extérieurs du pouvoir monarchique, et non pas des emblèmes religieux, les exécuteurs des basses œuvres du nouveau

Gouvernement envahirent l'antique édifice. Des groupes sacrés qui ornaient les portiques furent brisés. On démolit les autels, on viola des tombes, on mutila des œuvres d'art, on fondit les cloches de bronze pour en faire des canons. Les commissaires du district donnaient une apparence légale à cette profanation. L'un d'eux était le trop fameux Goullin, créole d'origine, qui devint le séide de Carrier et cachait, sous des manières cauteleuses, un sans-culottisme déjà avéré. Les agents de l'autorité en voulaient surtout aux objets précieux, aux vases d'or et d'argent conservés dans le trésor de la Cathédrale; ils ne se bornèrent pas à un inventaire, ils se saisirent de vases et aussi de reliquaires d'un grand prix. On ignore quel fut, dans ces circonstances critiques, le rôle de l'évêque Minée. Mais son grand vicaire Soulastre se trouvait à point nommé dans la sacristie, en compagnie de Pierre-Nicolas Fournier, ancien carme défroqué, inspecteur-voyer de la ville de Nantes.

Ces deux hommes courageux disputèrent quelques épaves au vandalisme révolutionnaire; ils mirent en lieu sûr les reliques des saints, brutalement extraites des vases sacrés qui les contenaient; mais tous les témoins moururent sans révéler l'endroit de cette cachette. Ils ne purent, malheureusement, empêcher que l'on ne vendît publiquement les objets ayant appartenu au culte. Les biens du clergé devenaient biens de la nation, non sans enrichir ceux qui en trafiquaient.

Un autre souvenir, et des plus honorables, s'attache à Soulastre. En sa qualité de premier vicaire épiscopal, il bénit, le 23 février 1792, sur la place de la Fédération, (ci-devant place Louis XVI), le drapeau des volontaires nationaux, brodé par les dames patriotes, et célébra ensuite la messe, entouré du clergé, sur l'autel de la patrie, adossé à la colonne de la Liberté. La garde nationale était rangée en bataille sur les cours; les corps administratifs avaient leurs sièges près de la bastille de Pallois, élevée sur un socle devant l'autel. M. Josmet, lieutenant-colonel, remit la bannière au porte-drapeau, et remercia les citoyennes au nom du bataillon.

Que faisait donc l'évêque Minée pour se faire remplacer dans cette circonstance solennelle? Sa grandeur l'attachait-elle au rivage ou pérorait-il dans quelque club?

Paroisses de la Ville.

Sous l'ancien régime, Nantes comptait, en dehors de la paroisse cathédrale « sous l'invocation de Saint-Pierre », au moins douze paroisses. Celles de Saint-Laurent, Saint-Saturnin, Saint-Vincent, Sainte-Radegonde, Saint-Denis, Saint-Léonard, furent supprimées à l'établissement de la constitution civile du clergé. Il ne subsista que les sept paroisses aujourd'hui existantes de Sainte-Croix, Saint-Nicolas, Saint-Similien, Saint-Clément, Saint-Donatien, Notre-Dame, Saint-Jacques. Cette division nouvelle, qui tenait compte des distances entre les églises et du nombre des habitants de chaque paroisse (Saint-Laurent et Saint-Vincent étaient autrefois voisins de la Cathédrale) fut ratifiée par le Concordat.

Il y avait, en plus des églises paroissiales, 7 chapelles acolytes et 33 chapelles de communauté, dont celle des Carmes, vendue nationalement le 17 février 1792, et qui renfermait le tombeau ducal, œuvre de Michel Colombe, que Mathurin Crucy sut préserver de la destruction.

Paroisses rurales.

Il est très curieux de remarquer, en passant, les divisions de *l'état ecclésiastique*, modelées sur les divisions administratives de l'époque. Le district de Nantes comprenait la ville, dont j'ai indiqué les subdivisions, et la campagne avec les cantons de Bouaye, de Bouguenais, de Saint-Sébastien, de Thouaré, de Nort, de la Chapelle-sur-Erdre et de Chantenay. Il y avait dans le département huit autres districts : ceux de Châteaubriant, d'Ancenis, de Blain, de Savenai (*sic*) de Guérande, de Clisson, de Machecoul, de Paimbœuf. La campagne de Nantes et le district de Paimbœuf avaient seuls leurs curés au complet. Partout ailleurs, surtout dans les districts de Clisson, de Machecoul, de Blain, le recrutement des prêtres constitutionnels semble avoir été difficile; beaucoup de paroisses manquaient de pasteurs. Les cantons de Rougé et de Soudan en Châteaubriant, le canton très important de Guemené-Penfao, en Blain, celui de Cambon, en Savenay, celui de la Limouzinière, en Machecoul, n'avaient pu remplacer un seul de leurs curés non assermentés. Ceux-ci étaient pourtant l'objet de véritables persécutions ; poursuivis par la vindicte jacobine, ils avaient trouvé, le 5 juin de cette année 1792, un asile provisoire dans la maison de retraite dite de Saint-Clément.

L'organisation cultuelle.

Le Conseil épiscopal — apprenons-nous par une note des *Etrennes* — se compose de l'évêque, des seize vicaires de la cathédrale et des quatre vicaires supérieurs et directeurs du séminaire. Un vicaire supérieur, trois vicaires directeurs administraient, en effet, le séminaire du département, alors situé rue Pigalle, ancienne rue des Ursulines, ou des Ursules comme on disait alors. Là encore, il y avait du tirage pour remplacer l'ancien état de choses. Latour aîné et Latour le jeune — deux frères, sans doute — avaient été nommés, l'un vicaire supérieur, l'autre premier vicaire directeur; les deux autres vicaires restaient à trouver.

Le séminaire des Prêtres Irlandais, fondé l'an 1690 à la Fosse, avait pour supérieur O'Byrn, docteur en Sorbonne. Je ne sais si cet ecclésiastique avait été, en raison de sa qualité d'étranger, astreint au serment constitutionnel. Le séminaire des Prêtres Irlandais disparut bientôt, d'ailleurs, pour ne laisser à Nantes d'autre trace de son histoire qu'une rue mal famée, *la rue des Irlandais*, qui s'est fondue avec sa voisine, la *rue des Catherinettes*, dans le musée Dobrée.

Les questions religieuses surexcitaient au plus haut point l'opinion dans une ville qui demeurait, malgré les événements, très attachée à ses croyances. On se passionnait pour ou contre les prêtres assermentés, les *jureurs*, comme le peuple les appelait ironiquement. Le 23 juillet 1792 (toujours en l'année qui nous occupe) le tribunal criminel de la Loire-Inférieure condamna à un an de prison une femme Joseph Moriceau, née Mathurine Martin, qui s'était fait passer pour un prêtre déguisé en femme, dans le but de jeter le discrédit sur les prêtres assermentés et d'empêcher les personnes décidées d'aller à leur messe. Cette femme audacieuse avait l'idée, au moins originale, de tuer la Religion nouvelle par le ridicule.

LES HOSPICES

Hôpitaux religieux.

Ce n'est pas sans motif que les *Etrennes Nantaises* placent tout de suite après l'*Etat ecclésiastique* l'Administration des hôpitaux de la ville. Les trois hôpitaux de Nantes, qui relevaient du clergé sous l'ancien régime, avaient toujours pour président électif de leur Conseil d'Administration l'évêque Minée. En dehors des aumôniers attachés à chacun d'eux, ils comptaient aussi des ecclésiastiques. Le Soulastre, désigné comme administrateur et même commissaire municipal, m'a tout l'air de ne faire qu'un avec le vicaire général; il habite, comme son sosie, rue Cerutti. Quant à Barré, *ministre*, qui demeure *isle Feydeau*, ce doit être un ministre... protestant.

Les administrateurs des trois hôpitaux se réunissent en bureau général une fois tous les quinze jours; leurs assemblées particulières, qui se tiennent trois fois par semaine, sont mandées pour 4 heures du soir, de façon à permettre, sans doute, aux membres qui sont dans les affaires d'y assister, besogne faite. Ils ont un secrétaire-greffier commun, le sieur Fougeu, qui siège en permanence à l'Hôtel-Dieu.

L'Hôpital.

Cet Hôtel-Dieu, dit Hôpital pour les malades, fondé et

établi par lettres patentes du roi Charles IX, en 1569, s'élevait à peu près sur l'emplacement de l'hospice actuel. Il comptait parmi ses administrateurs plusieurs des notables habitants de la ville, Fleury, demeurant à la Fosse, rue des Trois-Barils (cette ruelle, aujourd'hui suspecte, avait-elle alors meilleur renom ?), Chanceaulme, Duparcq, qui résidait « à Chezine ». Morel, Darbefeuille et Barré — un autre que le ministre — étaient commissaires municipaux. Le trésorier s'appelait Carié, un nom qui allait devenir fâcheusement célèbre, mais que la différence d'orthographe ne permet pas d'identifier avec celui du terrible proconsul, d'ailleurs originaire du Cantal; notre Carié nantais tenait absolument à ne pas être confondu avec un neveu, car à la suite de son nom, il faisait mettre entre parenthèses le mot oncle. Puis il y avait les médecins : Laënnec, chef d'une dynastie illustre, père de l'inventeur de l'auscultation, qui naquit en 1781, et Blain, auquel Levot a consacré, dans la *Biographie bretonne*, cinq colonnes, dont j'extrais quelques renseignements : François-Pierre Blin, né à Rennes en 1756, reçu docteur à Montpellier, vint à Nantes en 1783 ; député de Nantes en 1789, il fut l'un des fondateurs, à Paris, du Club Breton, devenu Société des Jacobins ; très exalté, puis plus modéré ; à la séparation de la Constituante, il revint exercer à Nantes, où il eut, sous l'Empire, la plus belle clientèle. A la Restauration, il s'afficha comme royaliste ardent et catholique pratiquant, ce qui fut reconnu faux. Quand on lui reprochait ses palinodies, il répondait en riant qu'il méritait d'être pendu. Médecin habile, il était, en outre, lettré érudit et polyglotte. Il mourut à Chantenay, près de Nantes, en 1834. Baqua (*sic*), d'origine espagnole, et dont la famille n'a pas cessé d'être honorablement représentée à Nantes, avait le titre de premier et Defray de second chirurgien. Le pharmacien et apothicaire — ô Molière ! — se nommait Ectot, parent, sans doute, de M. Hectot, fort connu à Nantes dans la première moitié du dix-neuvième siècle; l'économe était Artaud. A noter que ces derniérs personnages, même les chirurgiens Bacqua et Defray, étaient logés à l'Hôtel-Dieu, ainsi que la Supérieure, qui répond, sans autre qualificatif, au nom de Perrin. C'était vraisemblablement une religieuse ; était-elle déjà laïcisée ?

Le Sanitat.

Les ruines de l'Hôpital général, dit Sanitat, existaient encore dans mon enfance; mais on l'avait désaffecté, tous les services ayant été transportés au nouvel Hôpital Saint-Jacques. Il était presque aussi ancien que l'Hôtel-Dieu; sa fondation, par lettres patentes du même souverain, remontait à 1572. Il était destiné aux veillards et infirmes. Pimot, curé de Notre-Dame « à sa cure », était un des administrateurs; Berthault, trésorier, Gauthier, rue Crébillon, chirurgien. Là encore, une *supérieure* et portant un nom bien nantais, Mazeau; en revanche, pas d'aumônier, les deux places restaient vacantes, aucun prêtre assermenté né s'étant encore rencontré pour remplacer les insermentés.

L'Hospice.

Le troisième établissement hospitalier était l'Hospice pour les enfants *orphelins et bâtards*, que nous appelons enfants assistés, qu'on appelait alors *enfants de police*. Il avait été fondé par un généreux citoyen, sur lequel la *Commune et Milice de Nantes*, de Mellinet, me fournit quelques détails, « feu Guillaume Grou »; des lettres patentes du roi Louis XVI, du mois d'août 1778, l'avaient régulièrement constitué. Quoique ayant une affectation propre, il était, comme il n'a pas cessé de l'être à Nantes, une dépendance de l'Hôtel-Dieu. Plusieurs des noms déjà cités se retrouvent, côte à côte avec Minée, dans son Conseil d'administration: Berthault, le trésorier du Sanitat, est un de ses administrateurs. Il n'y a pas de médecin en titre, et c'est sans doute le décès du titulaire qui laisse vacante la plus importante des fonctions concernant la santé des pauvres petits êtres qui entraient dans la vie par le « tour » hospitalier. Le chirurgien sus-nommé

Darbefeuille, rue Bayle, cumulait son mandat avec celui de commissaire municipal de l'Hôtel-Dieu. La supérieure s'appelait Foret, mais ne devait pas s'apparenter aux imprimeurs et libraires Forest, que je crois originaires de Vannes, et qui ne s'établirent à Nantes qu'au commencement du XIXe siècle.

L'ARMÉE

Officiers généraux.

Nous n'avons pas grand intérêt à savoir que le ministre de la Guerre en 1792 était Pache, devenu bientôt suspect, que Luckner et Rochambeau, celui de la guerre de l'indépendance américaine, étaient maréchaux de France, le premier avec le titre de maréchal général. Voici la liste des officiers généraux commandant en chef les armées de la République, les uns illustres ou connus : Dumouriez, Custine, Kellermann et ce Biron, deux fois duc, placé à la tête de l'armée du Haut-Rhin, choisi plus tard par Danton pour combattre la grande insurrection vendéenne, mort sur l'échafaud révolutionnaire; les autres retombés dans l'obscurité: Miranda, qui commandait l'armée de l'Escaut, Valence, celle de la Meuse, Anselme, celle d'Italie.

En revanche, nous soulignons les noms des officiers généraux pour le département de la Loire-Inférieure, faisant partie de la 12e division militaire, devenue la 11e, puis le 11e corps d'armée. Le commandant en chef est Verteuil, qui a le titre de lieutenant général et qui réside à La Rochelle, car il a dans ses attributions la direction de l'armée des côtes. C'est un des nombreux officiers nobles qui prirent du service dans les armées de la République, mais sa naissance — il s'appelle de son vrai nom le baron de Verteuil de Malleret — ne lui sera reprochée que plus tard, en pleine guerre de Vendée, quand il aura à se défendre de toute parenté avec les Verteuil de l'Ile d'Yeu et du camp de l'Oie, agitateurs royalistes très connus. Le Verteuil en question est un bon officier, mais déjà vieux et que son âge comme son nom vont bientôt reléguer dans l'obscurité. Il a pour aide de camp un nommé Pasteur. Son subordonné immédiat, lieutenant général en résidence à Nantes, avec le titre de commandant, est un personnage que les événements vont mettre en relief et qui parcourra bien des étapes avant d'être accusé, par les représentants du peuple en mission, de complicité avec le conspirateur La Rouërie, et d'être guillotiné par la Terreur ; il se nomme Louis-Henri-François Marcé ; le département de la Loire-Inférieure l'apprécie beaucoup et aurait voulu qu'il prît le commandement en chef de la 12e division, à la place de Verteuil ; il est connu de longue date à Nantes, où il a surveillé, en 1791, les embarquements pour Saint-Domingue ; on lui a donné carte blanche, et, pratiquant le népotisme, qui fleurit sous tous les régimes, il a pris pour aides de camp deux de ses jeunes parents, Louis Marcé et Gabriel Marcé ; ce dernier désigné comme « aspirant ».

Le commissaire des guerres, Leclercq, et le payeur général de la guerre et de la marine, Lamarre, n'ont pas autrement fait parler d'eux.

L'Artillerie au Château.

A la tête du corps de l'Artillerie de la sous-direction de Nantes, réunie à la direction de l'Arsenal de construction, et, comme cet arsenal, établie au château, se trouve un nommé Bonvoust, lieutenant-colonel d'artillerie, que mon ami Chassin n'a eu garde d'oublier dans son grand ouvrage, *La Vendée patriotique*, car, tout en croyant Nantes impossible à défendre contre une attaque en masse des Vendéens, il s'employa avec un grand zèle à improviser des fortifications. J'aime à retrouver en ce bon patriote, devenu plus tard général de brigade, un précurseur des Nantais, *quorum pars magna fui*, qui fortifièrent, en 1870, leur ville contre les Prussiens. Bonvoust avait sous ses ordres un garde d'artillerie, un chef d'ouvriers d'état de l'arsenal, qui habitaient, comme lui, au château ; seul, le secrétaire et caissier des bureaux de l'artillerie demeurait en sa maison, à Richebourg, nº 3. C'était un employé civil. Nous rentrons dans le militaire avec la compagnie d'ouvriers nº 2, en garnison au château pour le service de l'arsenal de construction et dont le capitaine commandant, Fautrier, était détaché à l'armée du Var. Les *Etrennes* mentionnent encore une compagnie d'Invalides, casernée au château et militairement organisée. Le capitaine Chaloy était à sa tête.

Poudres et Salpêtres

Je ne crois pas que Beaufranchet, commissaire des poudres et salpêtres à Nantes et demeurant rue Pope (ou rue Saint-André) ait aucun lien de parenté avec le général républicain, fils d'une maîtresse de Louis XV, Beaufranchet d'Aycet, qui ne semble avoir fait son apparition dans l'Ouest insurgé qu'en mars 1793. Notre Beaufranchet avait un garde-magasin, nommé Frère Jouan Dussein, appartenant à la famille Frère Jouan, fort répandue dans la région de la Basse-Loire, et qui a donné, au XVIIIe siècle, un avocat, un procureur et un notaire, et, au XIXe siècle, un jurisconsulte estimé, M. Frère Jouan du Saint, né, en 1850, à Guémené. A la même administration, appartenait Campourcy, commissaire aux moulins à poudre du pont-de Buis, dont la poudrière actuelle a pris la place, et des commissaires en résidence dans les villes voisines, Lenoir à Rennes, Sevonieg au port Louis (qui s'appelle un peu plus tard *Port Liberté*). Lechault était entreposeur à Saint-Malo; Gicquel Destouches, commis-visiteur, était certainement de la famille d'un amiral notre contemporain.

La Marine.

La « Marine de France » avait alors pour ministre l'illustre savant Monge « ayant le département de la marine et des colonies ». Les amiraux s'appelaient : d'Estaing, en fonctions depuis 1777, et Louis-Philippe-Joseph Égalité, qui abdiquait résolument déjà son titre de duc d'Orléans. Even venait d'être nommé ordonnateur en chef de l'Administration civile du département pour Nantes et Paimbœuf. Notons que Paimbœuf, chef-lieu de district de la Loire-Inférieure et deuxième ville du département, avait alors, au point de vue maritime, une importance considérable. Louvel, sous-chef de l'administration, chargé du congé des classes et aussi caissier des gens de mer, y résidait. Son bureau était une succursale du bureau de la marine et des classes de la marine situé à Nantes, île Feydeau, rue du Guesclin n° 1, dans un des rares quartiers de la ville qui n'aient pas changé. Le caissier des gens de mer et aussi des invalides de la marine à Nantes était Bureau, rue Commune, aujourd'hui de la Commune, autrefois, rue de Verdun. Bosquet aîné avait des attributions un peu plus relevées : on le dénommait «trésorier des invalides de la marine et chargé de la caisse des gens de mer ».

L'Administration Nantaise, qui était régionale, avait des délégués au Croisic, à Ingrande et jusqu'à Angers, où Lacaise-Martignis la représentait.

Passons sur la Direction des vivres de la marine, installée quai de Chezine, n° 6, et confiée à un nommé Duparcq, qui avait placé son fils dans ses bureaux, mais n'omettons pas la petite réclame que se fait, à cet endroit des *Etrennes*, la veuve Despilly. Elle saisit l'occasion d'informer le public qu'elle tient, en sa librairie de la Haute-Grande-Rue, l'entrepôt des cartes, plans et journaux de la Marine pour l'usage des navigateurs. Un confrère, qui était de ses amis et ne lui faisait pas précisément concurrence, bénéficie de la réclame, glissée dans le texte à la mode américaine: c'est Auvray, marchand d'estampes, rue Fosse.

LES CONSULATS.
LES AGENTS DE CHANGE.
INDRET.

Les Consuls.

Grande ville de commerce maritime et de débouchés internationaux, Nantes a toujours été le siège de nombreux consulats. Toutes les nations étrangères n'y avaient cependant pas de représentants en 1792. Voici dans quel ordre, assez arbitraire, les *Etrennes* rangent les consuls résidants (*sic*) à Nantes. C'est d'abord de Landaluse, à la Fosse, nº 26, pour l'Espagne. Ce nom me semble avoir été altéré; je ne le trouve au surplus dans aucune des listes des notables nantais du temps que j'ai pu consulter. Je le crois celui d'un Espagnol, défiguré par l'orthographe française. Le consulat de Pologne, qui vient ensuite, est vacant. Mais celui du Danemark a pour titulaire, J.-J. Moller, isle Feydeau, dont la famille, d'origine danoise, est toujours représentée. Je n'ai aucune donnée sur Pierre-Benoît Babut, consul de Suède, ni sur son auxiliaire du Croisic, Gardemain. Mais voici encore sur l'île Feydeau le représentant de la Prusse, Pelloutier, dont le nom figure à la fête patriotique des trois ordres des citoyens de Nantes (19 septembre 1788) et que je crois le plus ancien en date des consuls de Prusse du même nom; ces fonctions, transmises de père en fils, étaient dévolues, à l'époque où j'habitais Nantes et pendant même la guerre de 1870, à un Pelloutier, petit-fils du précédent. Le consul impérial (autrichien) et celui de l'électorat de Cologne, Wilfesheim, à la Fosse, numéro 2, et Turninger, quai Bouguer, étaient des Allemands, au moins d'origine. Odiette fils, à la Fosse, 25, dont je vois le nom orthographié dans la *Commune et Milice*, de Mellinet, avec un O' comme s'il s'agissait d'un Irlandais, remplaçait le titre de consul par celui de Commissaire de la Marine et du Commerce de LL. HH. PP., les États Généraux des Provinces Unies; la Hollande ne voulait point qu'on la confondît avec les autres puissances. Notons, pour clore la liste, Cames, consul des États-Unis, au bas de la Fosse, et Rivet (voilà un nom bien nantais), consul général de Portugal, île Gloriette, quai Laurancin.

On sera surpris de l'absence d'un agent officiel de l'Angleterre. Parmi les interprètes de langues étrangères, catalogués à la suite des consuls, je ne trouve que des noms à physionomie française. Duchène de Lessart, de Chardenoux, Meunier et *tutti quanti*; il y a bien un Allemand, Sauwerenald, mais aucun Anglais ne semble s'être glissé, et l'on se demande quel ostracisme frappait à cette époque à Nantes les naturels de la Grande-Bretagne.

Agents de change.

Qu'appelait-on alors agent de change? Ce n'était assurément pas comme aujourd'hui l'officier ministériel qui négocie les valeurs cotées à la Bourse; c'étaient, sans doute, des courtiers de marchandises, servant à l'occasion d'intermédiaires pour le placement des valeurs et des effets de commerce. Ce titre s'est longtemps perpétué jusqu'à la création des parquets dans les villes de province où les charges furent dédoublées et indemnisées. Quelques-uns des noms de ceux qui exerçaient ces fonctions sont à retenir; par exemple, Menuret et Cie, rue Fosse (n'est-ce pas une faute d'impression, pour Minoret?); Plinguet et Cie, rue M. Colom, vis-à-vis la Bourse; Nourry, rue J.-J. Rousseau; Vallot et Cie. Maison Carié, rue Fosse. Ces noms n'ont pas cessé d'être portés à Nantes.

Indret en 1792.

La fonderie nationale d'Indret vient se placer arbitrairement à la suite des consuls et des « agents de change ». Elle était déjà importante, quoique sa fondation ne remontât qu'à 1778; elle ne devait assurer alors, comme à présent, que le service de marine; on y faisait des coques de navire en fer avant d'y construire des machines à vapeur pour la navigation. Ce n'est pas l'almanach qui peut nous fournir une description d'Indret, en 1792, à mettre en regard de celle qu'Alphonse Daudet a placée dans son roman de *Jack*, mais nous y trouvons cette note précieuse dans sa concision : « Cette fonderie est une des plus intéressantes manufactures du royaume, tant par son objet que par ses moyens ». Royaume à part — à quoi pensiez-vous donc, correcteur d'épreuves de la veuve Despilly? — je suis, comme eût dit Alceste, charmé de ce petit morceau et je me console de n'avoir pu recueillir aucun renseignement sur le lieutenant-colonel d'artillerie à l'armée du Nord, Thouvenet, inspecteur d'Indret, sur le lieutenant de vaisseau Tastu, contrôleur — peut-être un parent de l'imprimeur Tastu, mari de la poétesse de la Restauration — sur M. de la Motte, régisseur « chargé de la procuration des entrepreneurs », sur Augé, l'entrepreneur des réparations, transports et embarquements. Je trouve pourtant à Nantes, un demi-siècle plus tard, des Augé et même des Augé de Lassus.

LES DÉPUTÉS

Nantes législatif et politique.

Sans transition, nous passons de l'Armée et Marine à la politique et voici l'un des « clous » des *Etrennes*, la liste des députés du département de la Loire-Inférieure à la Convention Nationale.

Ces députés sont nommés dans l'ordre suivant : Mehol (*sic*), Chauvière, Chaillon, Villers, Mellinet, Fouché, Jarry, Coustard. On indique comme suppléants : Tartu, Benoiston, Cesar Maupassant, massacré à la prise de Machecoul en 1793. A part l'obscur Chauvière, qui fut remplacé par Lefebvre, procureur-syndic du district de Nantes, les huit députés titulaires siégèrent à la Convention; je trouve leurs adresses à Paris dans un petit livre publié à la fin de 1792. Nous avons leurs votes dans le jugement de Louis XVI.

Les votes des députés de Nantes

Aucun de ces votes n'est motivé, sauf celui de Chaillon, « homme de loi à Montoir », qui avait joué un rôle au Parlement de Bretagne et aux Etats généraux. Il monta à la tribune de l'Assemblée pour déclarer qu'il s'opposait à la mort de Louis, « précisément parce que Rome le voudrait pour le béatifier ».

Meaulle, le juge du tribunal de Châteaubriant, dont les *Etrennes* orthographient bizarrement le nom « Mehol », vota la mort sans phrases: Louis est coupable de crimes contre la sûreté de l'État; il ne peut bénéficier des circonstances atténuantes, il doit être privé de la vie. Villers, président du département à Nantes, et Fouché, le fameux Fouché, du Pellerin, le futur duc d'Otrante et ministre de la police impériale, qui prend alors le titre de principal du collège de Nantes, où il a d'abord professé, se prononcèrent aussi pour la peine capitale.

Mais la majorité des représentants de la Loire-Inférieure pencha pour la clémence. J'ai cité l'opinion bizarrement motivée de Chaillon. Lui et Jarry avaient réuni le plus grand nombre de voix des électeurs nantais (quoique les *Etrennes* ne nomment celui-ci que l'avant-dernier). Jarry qui se qualifiait négociant à Nantes, agriculteur et directeur des mines de Nort, qui eut plus tard le courage d'attaquer Marat en pleine Convention et l'honneur de passer neuf mois dans diverses prisons de Paris, vota pour l'emprisonnement de Louis jusqu'à la paix. René Constant, Lefebvre, Mellinet, « négociant », ainsi que le bruyant Coustart de Massy, votèrent aussi contre la mort.

Très curieuse figure que ce Coustard, originaire de Saint-Domingue, où il était né le 28 octobre 1734, gendarme, mousquetaire, lieutenant des maréchaux de France, colonel des premiers volontaires nantais en juillet 1789, premier président du Directoire de Nantes, commandant général des gardes nationales, célèbre par son ascension en ballon, reproduite par une gravure où il est représenté avec Mouchette dans la nacelle de la première mongolfière qui s'éleva à Nantes. Au mois de juillet 1792, il s'agitait beaucoup pour la défense de « la Patrie en danger». Le 10 août, il était nommé commissaire aux armées et se rendit au camp de Lauterbourg près Wissembourg pour « électriser l'armée ». Il fut exécuté comme Girondin, le 7 novembre 1793 avec Philippe-Égalité.

En somme, le département était dans les modérés, presque dans les incolores; il se mêla peu, comme dit

Victor Hugo dans *Quatre-vingt-treize,* au « brouhaha des votes tragiques »; il n'avait envoyé à la Convention qu'un homme vraiment supérieur, mais qui devait déshonorer son talent par de multiples palinodies, l'énigmatique Fouché.

A noter aussi, pour le nom qu'il devait honorablement transmettre à un glorieux petit-fils et aussi pour son activité, son besoin de se mettre en avant, le député Mellinet. Non content de se faire inscrire au Comité du Commerce et au Comité d'Instruction publique, ce brave négociant présenta, dans la séance du 6 janvier 1793, le projet d'un *Comité censorial* à la Convention, qui en décréta l'impression. Il demandait que ce Comité, composé de 83 membres, un par département, veillât au bon ordre des séances et à l'assiduité des députés; chacun des membres du Comité devait porter une médaille avec ces mots : « Citoyens, vous êtes ici pour délibérer sur les intérêts de la Patrie ». Un mélange de phrases ampoulées et de citations de Rousseau (*Le Contrat social* était l'évangile du jour) fait, du rapport de Mellinet, un document curieux.

L'ADMINISTRATION DÉPARTEMENTALE

Département de la Loire-Inférieure

L'Administration républicaine, sous le régime de la Convention nationale, était des plus compliquées. Chaque département était pourvu d'un Conseil du département et d'un Directoire, le président de cette double assemblée ayant les charges et les attributions de nos préfets actuels. C'était l'Administration supérieure. Une Administration secondaire comprenait pour chaque district — il y avait neuf districts dans la Loire-Inférieure, y compris celui de Nantes — un Conseil du district et un Directoire. Le Conseil du district ressemblait beaucoup au Conseil général et le Directoire à la sous-préfecture. Mais comme ces deux assemblées avaient le même président, le même procureur-syndic, il y avait une sorte de fusion ou de confusion entre les pouvoirs. La division par arrondissements, se substituant à la division par districts, a simplifié les choses et nettement établi la division entre le sous-préfet, représentant de l'autorité de l'Etat, et le conseiller général, représentant des libertés locales. Ces questions de droit administratif sont, au surplus, délicates et fort arides ; je n'y touche qu'à cause des noms des citoyens nantis de fonctions assez difficiles à définir.

Au sommet de la hiérarchie nationale étaient le ministre de l'intérieur Rolland, célèbre par lui-même et par sa femme, et les assez obscurs ministres des contributions publiques (finances) et des affaires étrangères, Clavière et Brun, Leur subordonné direct, le plus haut fonctionnaire du département de la Loire-Inférieure, était ce Beaufranchet, que je n'ai pu identifier avec Beaufranchet d'Aycet et qui cumulait ses fonctions doublement présidentielles avec celles de Commissaire des poudres et salpêtres. Président du Conseil et du Directoire du département, demeurant, 31, rue Pope, Beaufranchet avait dans son Conseil bon nombre de Nantais dont il nous faut retenir les noms. C'étaient Sotin de la Coindière, futur ministre de la police générale, qui eut un homonyme directeur du collège ecclésiastique des Couëts; Leminihy ; Chiron aîné ; Gaschignard, d'une famille de Machecoul qui avait produit un professeur érudit, auteur d'une *Histoire de Bretagne par demandes et réponses* ; César Maupassant, de la branche bretonne d'une famille normande bien connue, ancien membre démissionnaire de l'Assemblée Constituante, il fut massacré par les Vendéens, lors de la prise de Machecoul ; Fourmy ; Antoine Peccot, orateur du Club de la Halle, que nous retrouverons ; Cathelineau, que l'on s'étonne fort de rencontrer ici, mais qui pouvait n'être pas parent du chef vendéen ; Soreau ; Delourmel ; Painparay ; Bouchaud jeune, un de ceux qui attribuèrent leur nom à un passage de la ville ; Phelipes, ancêtre probable du savant Phelipes

Beaulieu ; Tardiveau aîné, en qui l'acteur Colombey pourrait trouver un aïeul ; Forget, le même probablement que le trop fameux geôlier des *Saintes Claires* sous Carrier; Francheteau jeune et Francheteau aîné, dont la dynastie s'est perpétuée, le fils eut une maison de santé, le petit-fils fut armateur, conseiller municipal, puis juge de paix. Mais cette simple revue, dans laquelle il faut comprendre le procureur-général-syndic Letourneux, place du Pilory, qui fut plus tard ministre, et le secrétaire général Grelier, qui tous deux ont fait souche de Nantais, est des plus curieuses au point de vue local.

Le Directoire du Département comprenait une sélection des membres du Conseil : ils étaient onze, y compris le procureur-général syndic et le secrétaire général. Nous apprenons leurs adresses. — Poton, le vice-président, que nous ne connaissons pas autrement, habitait à la Fosse, maison Leroi, 70 ; — Sotin, cours du Peuple.— César Maupassant n'avait pas de domicile personnel; il demeurait chez Chardonneau, Haute-Grande-Rue. — Antoine Peccot; n'était-ce pas le même, plus vieux, qui fut un poète voltairien sous la Restauration et, vers 1840, un bibliothécaire de la ville, prédécesseur de Pehant. Il devint l'orateur du club de la Halle et fut l'un des 132 Nantais dont les survivants dénoncèrent à la Convention les crimes de Carrier. — Gourlay, comme Maupassant, donnait son adresse chez un ami ou chez un logeur. — Lemoine, Haute-Grande-Rue. — Le procureur général syndic Letourneux, marié plus tard, le 17 messidor, an III (5 juillet 1795), avec Annie-Gabrielle, fille du conventionnel Etienne Chaillon et de Julienne Oliveau, native de Montoir, et demeurant rue Lenôtre, section de la Fraternité. Il était alors domicilié place du Pilory. A l'époque de son mariage, il habitait la rue du Patriotisme, section de la Concorde. Les témoins de son mariage furent : René Godin, Gilbert Beaufranchet, commissaire des salpêtres et poudres, Joseph Jarry,

Vu par nous Président & Membres du Directoire du Département de la Loire inférieure, en Directoire, à Nantes, le onze Juillet mil sept cens quatre-vingt-treize l'an second de la république Française.

Signatures de : Poton, Vice-Président du Directoire, Fourmy, membre du Directoire, Cathelineau, Le Peley, Le Pelletier, membres du Conseil du Département, Antoine-René Yon, secrétaire ; d'après un certificat de résidence du 2 juin 1793, appartenant au baron Gaëtan de Wismes.

député à la Convention nationale, et Jean-Théodore Vanberchen, négociant. François Letourneux fut successivement : an IV, 20 brumaire, commissaire du pouvoir exécutif; an V, 28 fructidor, ministre de l'Intérieur; an VI, membre de la Régie de l'Enregistrement; an VII, 29 prairial, député au Corps Législatif, membre du Conseil des Anciens. Mais sa rigidité, ses mœurs austères, s'accomodaient mal avec la corruption du Directoire. Pour éviter ses protestations, Barras et Talleyrand le firent exclure de l'assemblée, et, l'an VIII, 12 floréal, on le retrouve juge au Tribunal d'appel de Rennes. Il mourut le 17 septembre 1814, à St-Julien-de-Concelles, laissant deux fils, Horace, qui fut Conseiller à la Cour de Riom, et Tacite, Président du Tribunal de Fontenay-le-Comte. Son dernier descendant est aujourd'hui le Commandant Emile Letourneux, ancien membre du Conseil Municipal de Nantes. François Letourneux, dont la vie fut si mouvementée. n'a pas laissé de mémoires. On n'a jamais publié la biographie de cette physionomie curieuse. Disons enfin que le secrétaire général Grelier demeurait rue Bossuet, maison Babin, près le Pilory. Toutes ces indications sont à retenir par qui veut se rendre un compte exact de la topographie de Nantes à cette époque.

Le Département et ses bureaux.

Les bureaux du département correspondaient assez fidèlement aux divisions actuelles de la préfecture. Il y avait le secrétariat pour la transcription des décrets et des lois, des procès-verbaux des séances, tout ce qui a rapport aux brevets d'invention et la correspondance relative à ces objets. Le premier commis s'appelait Yon et habitait rue Helvétius, n° 2, ancien quai du Marais; le second commis, Gaschignard, rue du Chapeau-Rouge, devait être parent du membre du Conseil, car le cumul de fonctions aussi dissemblables me paraît impossible.

Au premier bureau, dit des Administrations, on traitait d'affaires très diverses, les assemblées primaires, les municipalités, les districts, les tribunaux et les juges de paix, les prisons, les hôpitaux, les ateliers de charité et travaux de secours, la mendicité, le vagabondage, l'agriculture et le commerce, l'éducation publique, les secours aux noyés et incendiés, la correspondance et la comptabilité y relatives. Pour savoir se reconnaître dans ce fouillis de questions disparates, il fallait que les deux commis, Masson Bellefontaine à Richebourg et Coquin, place Largillière, eussent la tête bien organisée.

Le deuxième bureau, moins chargé, était celui des contributions directes et indirectes et des ouvrages publics (grands chemins, ponts et chaussées), dirigé par Goulard et Haumont.

Au troisième bureau, qui avait sa raison d'être depuis la Révolution, on s'occupait des domaines nationaux et des frais du culte. On sait quelle était l'origine des biens nationaux. Quant aux frais du culte, ils comprenaient alors les pensions et traitements des ecclésiastiques, constitutionnels ou non; le clergé était subventionné par l'Etat qui avait aussi à pourvoir aux réparations des églises et des presbytères. La liquidation et le rachat des droits féodaux, curieux vestiges des législations anciennes, rentraient, ainsi que la surveillance de l'administration forestière et des monnaies, dans les attributions du 3e bureau. Les deux commis s'appelaient Fleury et Gaschignard père. Très absorbants, ces Gaschignard ; voilà le troisième que nous rencontrons.

Le bureau de la guerre (4me bureau) n'était pas une sinécure. On avait compris dans ses attributions, je ne sais trop pourquoi, la comptabilité générale. Il avait assez à faire à s'occuper du mouvement, du passage, du logement et du casernement des troupes, de leurs vivres et fourrages, de la fourniture des voitures et chevaux de selle, des pensions et habillements d'invalides, soldes et demi-soldes, de la gendarmerie nationale, des gardes nationaux, des classes de la marine nationale et de la marine marchande, etc., etc.... Figurez-vous ce que pouvaient être les bureaux de la guerre à

Nantes en 1793, en plein centre de l'insurrection vendéenne. Les deux commis, Couault et Loisillon, ne suffisaient certainement pas au travail.

On voudrait des détails sur le bureau des emigrés, qui devait, dans une certaine mesure, se tenir au secrétariat, puisque Yon était le premier commis de l'un et de l'autre. Il existait déjà un *Syndicat*, et un commis, un seul, le nommé Dory, y était attaché. Les huissiers étaient au nombre de deux : Lauret, qui prenait le titre de « premier », et Mergault, qui remplaçait Ratet « parti pour les frontières », en ardent patriote qu'il était, sans doute. Le concierge, ce personnage de tous les temps, s'appelait Chereau.

Directoire et District.

A côté du Directoire supérieur, qui centralisait toute l'Administration du département, existait le district, division administrative correspondant à peu près, comme je l'ai dit, à l'arrondissement d'aujourd'hui. Chaque district avait son Conseil et son Directoire particuliers. Dans la composition de celui de Nantes, je relève bien des noms intéressants. Le président du Conseil, Bougon, était un peintre d'histoire, dont la trace se retrouverait dans les salons de l'époque; il devint membre du Comité central en mars 1793, puis commissaire en Bretagne avec Sotin, durant la crise girondine. Le vice-président, Lecomte, rue Soufflot, était-il parent de son homonyme, le général républicain, fils d'un maître de postes de Fontenay, et qui avait été chef de bureau à l'Administration départementale de la Vendée? Goullin est évidemment le futur membre du Comité révolutionnaire et le bras droit de Carrier; il venait de Saint-Domingue; il n'était point, d'après l'enquête que ceux-ci provoquèrent, l'ancêtre des Goullin que j'aiconnus, le père président du Tribunal de Commerce, et le fils, consul de Belgique, vice-président de la Caisse d'épargne, adjoint au maire. Rien de précis sur Renou; je note que ce nom, toujours porté à Nantes, est celui d'un chef de division vendéen sous Lescure et Stofflet, et je fais réflexion que les extrémités se touchent. Ramard m'est inconnu, mais j'ai peine à croire que Vandamme soit étranger au général qui, vers 1799, combattit victorieusement les Anglais et les Russes. Il laissa des héritiers à Nantes. Les descendants d'Athenas, patriote intègre, savant austère, existent encore; l'un d'eux était professeur au lycée vers 1865. Parmi les noms suivants, Dehergne jeune, Bruneau, Paul Gerbier, Bertrand, Gerde, évoquent tous des souvenirs nantais, ainsi que le prouve la *Bio-Bibliographie Bretonne*; il en est de même pour le procureur-syndic Clavier, qui fut président de l'Administration centrale de la Loire-Inférieure, membre du Conseil des Cinq-Cents, et dont un petit-fils ou petit-neveu était, récemment encore, notaire à Nantes, et pour le trésorier Vallin aîné, souche certaine d'un de mes condisciples de lycée, devenu médecin-major de première classe.

Remarquons que les chefs et sous-chefs des bureaux du département sont désignés dans cette partie des *Etrennes*, ce qui prouve que ces bureaux étaient communs au Directoire du département et à celui du district. Il y a cinq chefs en tout et deux sous-chefs; le sous-chef des impositions s'appelle comme un avocat que Nantes connaissait bien de mon temps, Padioleau.

Les districts.

Les huit autres districts du département doivent nous offrir moins d'intérêt. Quelques noms sont cependant à retenir parmi ceux des membres des Conseils et Directoires. A Ancenis, je note un Péan à Rochemantru (le nom a fort bien pu devenir Péhant; il y eut aussi des cordiers de ce nom); un Jousselin, procureur syndic; un Rezé, assesseur; un trésorier, nommé Palierne, vieille famille qui a donné un vicaire à l'ancienne paroisse de Saint-Louis. A Châteaubriant, Demolon à Fercé me paraît bien l'ancêtre du général et du colonel Demolon et d'un Demolon, architecte, qui contribua beaucoup à organiser l'Exposition Nantaise de 1886, et

Fr. Guibourg, d'Erbray, pourrait être de la même famille que M. Guibourg, le fidèle compagnon de la Duchesse de Berry, qui était, je crois, de Châteaubriant. A Blain, je retrouve ou reconnais les noms de Gicquel, de Landais, de Fourage, de Leroux, de Garaud, et celui de Duhoux. A Savenay, que l'on orthographiait « Savenai », c'est Moisan, Magouet, Merot fils, Le Merle, Audren aîné, un autre Clavier, un autre Vallin, un autre Landais, procureur-syndic, et un Haugmard, homonyme et parent probable d'un jeune poète de nos contemporains. A Guérande, Jan (que je crois l'auteur de Jan Kerguistel, originaire de cette ville), est président du Conseil de district ; deux de ses assesseurs, Mahé et Letorzec, ont fait souche nantaise. Il y eut au lycée un professeur, Chotard, s'appelant comme le procureur-syndic. A Clisson, je trouve des Poitou, des Vrignaud, des Constantin, des Ouvrard, des Bouchaud, dont les noms ne passent point sans souvenirs. A Machecoul, paraît un autre Vrignaud, avec un Nau, un Paumier, un Bossis et un Biré, dans lequel je verrais sans étonnement — car la distance n'est pas si grande de Machecoul à Luçon — un aïeul d'Edmond Biré, l'impitoyable critique de Victor Hugo. A Paimbœuf, enfin, des noms à physionomie locale me frappent au passage : ceux de Delucé, de Boutruche, de Martineau, qui donna des pharmaciens, et celui de Beziau, l'ancêtre sans doute du capitaine de ce nom qui fonda l'Hôtel de Flandres.

LA MUNICIPALITÉ

La Mairie.

Du département de la Préfecture, comme on dirait à présent, nous passons à la Mairie, à la municipalité de Nantes, installée à l'hôtel de ville actuel, dont l'aile droite venait d'être reconstruite, en 1790, d'après Verger, sur un terrain de l'ancien hôtel Bizard par Emile Remigereau, l'un des descendants d'Heli Remigereau « maczon et maître-architecte », qui construisit le

Marchix (*sic*) sous le duc de Mercœur, en 1596, et fut conducteur de l'œuvre des ponts, en 1605, d'après les comptes du miseur de la ville.

Ici les noms vont se presser et la plupart d'entre eux mériteront de nous arrêter. Deux petits avis imprimés, l'un en caractères elzéviriens, l'autre en italique, nous apprennent que l'élection du maire se fait tous les deux ans, celle des officiers municipaux et des notables, tous les ans par moitié; que le corps municipal s'assemble, quant à présent, tous les jours pour délibérer sur les affaires de la communauté, et le Conseil général tous les vendredis.

Né à Nantes le 29 avril 1751, ancien avocat au Parlement, élu, en mars 1789, député des Senechaussées de Nantes et de Guérande aux Etats Généraux de Bretagne, René Gaston Baco de la Chapelle venait de s'asseoir (en novembre 1792) sur le siège municipal illustré par les Harrouys, les Darquistade et tant d'autres; il succédait immédiatement à Giraud-Duplessis, qui avait été député à l'Assemblée Constituante, et à Daniel de Kervegan. C'était un homme juste et courageux; tous ses actes publics à la mairie de Nantes lui font le plus grand honneur. Son organisation de la résistance nantaise contre les Vendéens, sa fière attitude pendant la journée du 29 juin 1793, dite de la Saint-Pierre, où il fut blessé à la cuisse, permettent d'associer son nom à ceux de Canclaux et de Beysser, les défenseurs de Nantes. Plus tard, il fut mis hors la loi pour avoir participé à la manifestation girondine et donné l'accolade à Beysser, destitué, et il fit imprimer l'*Avis d'un républicain à ses concitoyens*, pour engager les Nantais à nommer de nouveaux députés chargés de reviser la Constitution.

Il fut alors remplacé par Jean-Louis Renard, peintre en bâtiments, originaire de Paris, membre de la Société populaire, qui avait figuré sur les listes de la

Signatures des Maire, Officiers Municipaux et Membres du Conseil.

Signatures de : COLAS, VAN NEUNEN Junior, TOURGOUILHET, officiers municipaux, Marc-Louis MENARD, Secrétaire-greffier, CORON, GALLON, DELAVILLE, BACHELIER, SOULASTRE, THOMAS, notables ; d'après un certificat de résidence du 2 juin 1793, appartenant au baron Gaëtan de Wismes.

milice bourgeoise et avait fait baptiser, en 1781, à la paroisse Saint-Vincent, son fils, issu de son mariage avec Charlotte de la Haye.

Quant à Baco, emprisonné à l'Abbaye, délivré au 9 Thermidor, il fut député aux Cinq-Cents, en l'an IV, puis commissaire aux Colonies. Ce qui étonne, c'est de le trouver directeur de l'Opéra, en l'an VI. Il mourut à la Guadeloupe, en 1800, pendant une mission.

Officiers municipaux.

Le maire Baco habitait près l'Hôtel Henri IV, place Graslin, qui prit, dès le Premier Empire, le nom d'Hôtel de France. Le premier des officiers municipaux, anciens échevins élus en même temps que le Maire, était Lecadre, d'une famille toujours existante, alliée aux Toulmouche. Il s'était associé, le 16 septembre 1792, à une démarche qui avait pour but de maintenir le général de Marcé à la garde des côtes, encore en fonctions en 1796 ; il devait faire remettre en vigueur des règlements sur le séjour des émigrés dans la ville de Nantes. C'était un fervent patriote, comme ses seize collègues, dont quelques-uns, Gaudin, F. Hardy, Douillard, Pecot, Darbefeuille, portaient des noms bien nantais ou déjà rencontrés en feuilletant les *Etrennes*. Je retrouve Barré, ministre, à côté de Morel « Américain », probablement un négociant d'origine française, venu ou revenu d'Amérique, et de Vannunen ou Van Neunen junior, représentant d'une famille hollandaise, dont il existait encore des membres dans l'industrie et comme garde-magasin à l'Entrepôt, à l'époque où j'habitais Nantes.

Le procureur Dorvo.

Le procureur de la Commune, J.-J. Dorvo, qui demeurait rue Abailard (ex-rue Haute-du-Château) n'était pas de Nantes; il y était arrivé, venant de Rennes, en 1791; on l'avait élu un an plus tard en remplacement de l'avocat Sauquet. Un des actes les plus importants de sa vie fut d'inaugurer avant le mariage religieux le mariage civil, par devant le Maire et ses concitoyens et sur l'autel de la patrie, comme on disait alors, avec la fille de Kirouard, officiel municipal de la mairie de Kervegan et probablement l'ancêtre des Quirouard de Pornic, de Saint-Nazaire et de Guérande. Le maire Giraud termina son allocution par ces mots : « Allez, courez aux pieds des autels. Que Dieu bénisse votre union. » La rupture avec le clergé n'existait pas encore.

J.-J. Dorvo est absolument différent de son homonyme Hyacinthe Dorvo, également Rennais, et auteur de plusieurs pièces de théâtre jouées à Paris sous le Directoire et le Consulat. Ch. Monselet avait trouvé amusante la silhouette de ce Dorvo, qui vivait encore à à Paris en 1840, et voulait la faire entrer dans une nouvelle série de ses *Oubliés et dédaignés*. Il lui a consacré une notice dans le livre d'Octave Uzanne.

Notre Dorvo, procureur, avait pour substitut, Nouel, rue Soleil, et pour secrétaire-greffier, M. L. Ménard, qui, seul, résidait à la *Maison Commune*, à la mairie, et qui fut probablement l'ancêtre d'Ernest Ménard, le romancier, secrétaire de la Préfecture en 1848, président du Comité républicain en 1870.

Les notables.

Les *notables*, nommés à la suite des officiers municipaux et constituant avec eux la Municipalité de Nantes, répondaient bien aux conseillers municipaux d'aujourd'hui. Ses fonctions multiples, son mandat très absorbant à l'époque troublée que nous fait traverser la lecture des *Etrennes*, obligeaient le corps municipal à s'assembler « quant à présent » tous les jours. Les notables étaient au nombre de 36, autant que les conseillers municipaux d'aujourd'hui. Leurs rangs s'ouvraient à de hauts négociants, comme Delaville, dont les descendants s'appellent Delaville-Leroux, comme Dobrée, premier du nom, aïeul de l'archéologue qui dota la ville d'un curieux musée, à des prêtres comme Soulastre (nous avons peine à croire qu'il s'agisse d'un simple homonyme du vicaire général de l'évêque Minée), en même temps qu'à des hommes du peuple faisant partie du petit commerce : Thomas, un huissier; Huet, tonnelier ; Julien, cuisinier ; Cantin, batteur d'or ; Barrié, perruquier. Tous les rangs étaient confondus, autant et plus que dans le Gouvernement de 1848, qui associait au nom de Lamartine celui de l'ouvrier Albert, et dans le Conseil municipal de cette même ville de Nantes, où siégeait après la guerre de 1870, le mécanicien Poidras à côté du grand armateur Gabriel Lauriol. A ce propos, notre liste de notables comprend un Babin aîné près d'Antoine Crucy, père, je crois, de l'architecte Mathurin Crucy qui éleva, avec Ceineray, les plus beaux monuments de la ville, et de Laënnec, que j'ai déjà rencontré aux établissements hospitaliers. Bachelier était le futur et très ardent membre du Tribunal révolutionnaire, que Dugast-Matifeux assista à ses derniers moments, le jour même où le duc de Nemours était reçu officiellement à Nantes. Je trouve ou retrouve Chiron, Vilmain, l'avoué, Barré, Danglas, qui avait un descendant dans l'administration des tabacs en 1860 ; Hardouin père, Rosier, Giraud, Petit-Desrochettes, porteurs de noms bien nantais; Fouré jeune, qui s'apparentait sans doute à une célébrité médicale d'autrefois, et le capitaine Bridon, probablement capitaine au long cours. Si je mets à part Chanceaulme, député du Tiers-Etat aux Etats Généraux de 1789, c'est qu'il avait à son actif un projet de souscription patriotique en faveur des jeunes employés du négoce qui « prendraient les armes pour marcher sous l'étendard de la Patrie ». Ce projet, présenté à la Société des amis de la Constitution, le 28 janvier 1791, portait les signatures de plusieurs négociants, Nau, Boucard, Le Moyne, Mosneron, Haentjens, Bonamy, Van Neunen, Genevois, Grignon, Dobrée; il avait bien Chanceaulme pour auteur, mais, en le relisant, je vois que ses signataires font allusion à l'âge et aux infirmités qui les empêchent de suivre le parti des armes pour voler au secours de la patrie en danger.

Je crois donc que le Chanceaulme notable en 1792 était le fils de l'ancien député aux Etats de 1788 ; je le crois d'autant plus volontiers, que je démêle à la suite de son nom un petit *j* qui signifierait *junior.*

État-Civil.

Le célèbre édit de François Ier avait prescrit la tenue régulière du registre des paroisses et créé l'état-civil. Jusqu'en 1792, c'est à dire pendant plus de deux cent cinquante ans, le clergé seul enregistra les naissances, les mariages, les décès, ce qui réalisait un progrès immense sur l'ancien état de choses, purement arbitraire. Malgré de nouvelles ordonnances royales, malgré les vérifications fréquentes des commissaires du contrôle, bien des lacunes existaient dans les registres des curés ou des pasteurs — car les ministres protestants, sauf à l'époque de la Saint-Barthelémy et à celle de la Révocation de l'Edit de Nantes, faisaient les mêmes inscriptions que leurs confrères catholiques. Quand aux juifs, mis sans pitié hors la loi, ils n'eurent pas d'état-civil officiel sous l'ancien régime. La Convention modifia cet ostracisme. Elle avait proclamé les droits de l'homme, elle reconnut l'égalité des citoyens devant la loi. Elle institua des officiers de l'état-civil et les investit des prérogatives retirées aux prêtres dans le ressort de chaque municipalité, elle prescrivit le dépôt à la Maison Commune des registres des paroisses, qui constituèrent les plus précieuses des archives.

Je note en passant que les actes religieux dressés par les ministres du culte, parallèlement aux actes civils, conservent une réelle autorité et peuvent rendre de grands services. Lorsque les incendies de la Commune de 1871 eurent détruit les actes de naissance de beaucoup de Parisiens conservés à l'ancien Hôtel de Ville, ce sont les actes de baptême qui ont servi à reconstituer les premiers.

Revenons à Nantes. Le classement de l'immense quantité de documents extraits des paroisses, la tenue régulière des actes nouveaux, nécessitèrent, comme partout ailleurs, l'installation d'un bureau de dépôt et la création d'officiers publics pour constater l'état-civil des citoyens. Aujourd'hui, chaque mairie affecte simplement un de ses bureaux et un petit nombre de ses employés aux déclarations de naissances, de mariages, de décès. A l'époque qui nous intéresse, la tâche, nouvelle pour les fonctionnaires qui en étaient chargés, était aussi beaucoup plus vaste, car elle s'étendait au classement méthodique des milliers de pièces qui affluèrent à la Maison Commune.

La Ville divisée en Sections.

A Nantes, il avait fallu créer neuf officiers publics, un pour chacune des neuf sections dans lesquelles la ville était divisée, et un certain nombre d'auxiliaires. Ces officiers devaient être désignés parmi les plus capables, et leurs noms sont à retenir en même temps que ceux des sections de la ville, plus nombreuses que les cantons actuels (9 au lieu de 6).

La section de Saint-Jacques et Vertais, des Ponts, dirions-nous à présent, et qui a formé le 6e canton, avait pour officier public Babus, quai des Gardes-Françaises, redevenu quai Flesselles. Celle du boulevard (quel boulevard ? sans doute le boulevard Delorme), et de la Halle, se faisait inscrire chez Morel — probablement notre Morel, l'Américain de tout à l'heure, — place Buffon, n° 7, ou place de Bretagne, comme nous redirons à la mode ancienne. Bachelier, un des notables, rue Contrescarpe, n° 30, était officier civil des sections de La Force et Saint-Michel, et un officier municipal, qui répondait au nom bizarre de Tourgouilhet, rue Versailles, des sections Saint-Similien et Saint-Léonard; Prévost, rue Marchix (on dit plutôt rue du Marchix) avait dans ses attributions les sections de Miséricorde et de Sainte-Elisabeth; je m'étonne même que la section ait gardé ce nom de sainte, alors que la place Sainte-Elisabeth était devenue place Cosmopolite. Mais, mon étonnement va redoubler en constatant que Soulastre, l'universel et l'ubiquiste, le Soulastre de la rue Cerutti, (ancienne rue de l'Évêché) le premier des vicaires épiscopaux, l'aumônier de la Garde Nationale, cumule tant de fonctions avec celles d'officier des sections de Saint-Pierre et Saint-André. Après tout, ce choix était excellent ; il appartenait à un ministre du culte de débrouiller mieux que personne l'écheveau confus des documents de famille conservés à la Cathédrale même. Trois officiers publics me restent à nommer : Antoine Crucy, maître-charpentier, père de Jean et Mathurin, architectes voyers de la ville, rue Folard (ex-rue Saint-Léonard, rebaptisée ainsi du nom d'un simple écrivain militaire), pour les sections de l'isle Feydeau et Sainte-Croix ; Godin aîné, à l'Hermitage, pour les sections du Sanitat et de l'Hermitage; Bréard, rue Sarrasin, près Saint-Semilien (*sic*), pour les sections de Saint-Donatien et Saint-Clément.

On remarquera une fois de plus que ces divisions municipales administratives de la ville sont absolument calquées sur les anciennes divisions ecclésiastiques, provenant elles-mêmes des divisions gallo-romaines. C'est le territoire des paroisses, et même des paroisses telles qu'elles existaient avant la suppression de certaines d'entre elles, qui borne les sections. Pendant bien des siècles, le clergé avait façonné toutes les choses de Nantes à son usage et à son image : la Révolution amoindrit son influence sans la détruire; sous la Restauration, il remit sa main puissante sur la ville. Mais, dans l'intervalle, l'administration impériale avait définitivement substitué, aux sections modelées sur les paroisses, la division actuelle des cantons.

Première Mairie républicaine.

Après la nomenclature des officiers de l'État-Civil, nous retrouvons à son poste de la Maison Commune le greffier Menard. Il a trois commis : P. Mauclère, J. Petit et J. O'Sullivan aîné. Ce dernier, Irlandais d'origine, va jouer un rôle important et des plus honorables dans les tragiques événements dont Nantes sera le théâtre sous le proconsulat de Carrier; les historiens de la Révolution, Guépin, Michelet lui-même, le citent avec éloges. De nouvelles subdivisions apparaissent. Une section des travaux publics comprend quatre officiers municipaux : Lecadre, Douillard, Pecot, Henry; trois autres, Hardy, Colas, Van Neunen junior, sont à la section des subsistances. Delahaye, Tourgouilhet, Prévost, dont les deux derniers sont par surcroît à l'Etat-Civil, occupent la section de comptabilité; Gaudin, Brière, Bellot, celle des impositions.

La mairie avait en somme, sous le régime de la Convention Nationale, des attributions aussi variées que multiples avec un lourd fardeau de responsabilités. Un « nota » glissé à la fin de ces listes de noms et énumérations de charges nous apprend que les « déclarations concernant la vente des grains se reçoivent à la Maison Commune ». Les employés pouvaient être nombreux; ils devaient l'être à peine assez pour suffire à des tâches pareilles. La question des émoluments ne peut malheureusement, faute de pièces comptables, être résolue. Mais il semble logique d'admettre que, si les officiers municipaux et les notables exerçaient leurs fonctions gratuitement, plusieurs d'entre eux, employés à l'État-Civil ou aux services annexes, avaient un traitement.

Police.

La police municipale avait joué déjà, devait jouer surtout, un rôle très important dans les affaires publiques. Les audiences, moins nombreuses que ne sont aujourd'hui celles du tribunal de simple police, se tenaient à la Maison Commune, les mercredis et jeudis, à « 5 heures précises de relevée ». Le tribunal comprenait le maire Baco, président, le premier officier municipal Lecadre, vice-président, et, comme assesseurs, quatre autres officiers municipaux, Godebert, Morel « Américain », Darbefeuille, Barré, ministre. Il y avait encore le procureur de la commune, Dorvo, son substitut, Nouel, le secrétaire-greffier, M. L. Ménard, le commis-juré Tesso, deux huissiers, Lemeunier, Jeusier.

Bien des documents durent émaner de la police municipale au cours des années 1792, 1793. J'ai retrouvé deux affiches très intéressantes. L'une, signée J.-M. Dorvo (ce qui prouve bien qu'il n'y avait pas identité entre le procureur de la Commune et Hyacinthe Dorvo, l'auteur dramatique), enjoint à tous propriétaires, principaux locataires, logeurs, etc., de faire afficher à l'intérieur de leurs maisons, dans un endroit apparent et en caractères bien lisibles, les noms, prénoms, *surnoms*, âges et professions de tous les individus résidant dans lesdites maisons. Recommandé aux futurs collecteurs de l'impôt sur le revenu, d'autant plus que tout rentier était obligé, dès lors, de mettre dans la colonne des professions les mots : « vivant de ses rentes ».

En ce même mois d'avril 1792, l'infatigable Dorvo, toujours sur la brèche, signe un placard d'un genre tout différent, pour rassurer les habitants, inquiets, à bon droit, de la tournure prise par les événements, et les informe qu'il y aura foire à Nantes, comme de coutume, le 25 avril. On sait que les fêtes des Quatre Évangélistes étaient et sont encore jours de foire : la Saint-Marc tombe le 25 avril.

La haute police municipale se complète par les commissaires de police de quartiers. Avec les noms de ces officiers publics, les *Etrennes* nous donnent ceux des juges de paix, qui étaient six, un par canton, comme on disait déjà. Les commissaires de police, au nombre de six également, étaient placés sous les ordres d'un commissaire central ou « commissaire inspecteur », nommé Bar. Ils avaient chacun dans leurs attributions trois sections dédoublées, chacune des neuf sections ecclésiastiques et civiles étant, au point de vue judiciaire, divisée en deux. C'étaient Albert fils, pour les 13e, 14e et 15e sections, canton du juge de paix Cormier, rue Juiverie ;

Lambert, pour les 4e, 5e et 6e sections, canton du juge de paix Chaillou, rue Pope(ex Saint-André); Fleurdepied, pour les 10e, 11e et 12e sections, canton du juge de paix d'Havelooze, l'ancêtre, sans doute, de l'armateur, qui habitait une rue bien pittoresquement nommée de la Fouasserie ; Ruelle, pour les 7e, 8e, 9e sections, canton du juge de paix Débourgues ; Boscheron, pour les 16e, 17e, 18e sections, canton du juge de paix Dupuis; Bouion Saint-Aubin, pour les 1re, 2e,3e sections, canton du juge de paix Abraham, rue Delille (ex Cloître Notre Dame). Cette organisation n'a que très peu varié. Il n'est pas jusqu'au nom israélite du dernier juge de paix Abraham qui ne semble une concession aux idées du jour. Mais tous les Abraham, y compris l'aquafortiste vitréen Tancrède Abraham, ne sont pas juifs.

Recette municipale.

Les Nantais d'alors, comme ceux d'à présent, possédaient un receveur municipal dit « trésorier de la ville ». Il s'appelait Mouton et demeurait isle Feydeau. Après le trésorier, et non moins arbitrairement placés que lui dans le paragraphe de la police municipale, figurent les architectes voyers de la Commune. L'architecte voyer Crucy aîné (Jean) ne pouvait être mieux choisi : c'est lui qui avait construit le pont Rousseau et le pont Maudit. Quant à l'inspecteur-voyer, dont l'adresse est bizarrement donnée « à la Comédie » où plus tard ils habitèrent de tradition comme M. Driollet, il avait succédé à Demolet ; c'était ce Fournier, intéressant personnage que nous avons déjà trouvé sur notre chemin. Archiviste très savant pour son temps, classeur des archives municipales, auteur d'une *Histoire lapidaire de Nantes* et une *Histoire des Antiquités de Nantes*, en 4 volumes in-f°, ouvrages manuscrits offerts à la Bibliothèque de la ville par sa veuve, à laquelle, en 1814, la ville acheta son seul héritage, ses tableaux, ses dessins et gravures, il eut une attitude énergique devant les spoliateurs de la Cathédrale et un rôle courageux au moment de l'émeute girondine. Il ne pouvait manquer de faire partie des 132 Nantais. Des renseignements qui me parviennent au cours de ce travail et l'autorité de la *Bio-Bibliographie bretonne* de M. de Kerviler me permettent d'affirmer que Pierre-Nicolas Fournier n'était pas Breton, mais Parisien, né le 2 mai 1747. Il mourut en 1814 et laissa une épitaphe drôlatique, composée par lui-même :

Légiste et financier
Et moine et cavalier,
Artilleur, fantassin,
Ingénieur, marin,
Commandant, prisonnier,
Vétéran, citoyen,
Académicien,
De Nantes antiquaire,
Voyer, pensionnaire,
Sans fortune et sans bien.

Après Mouton, Crucy et Fournier, les *Etrennes* désignent le *trompette* de la ville Gautier, domicilié à la Maison Commune. Ce Gautier, qui annonçait *à son de trompe* les réunions publiques et les objets perdus, était-il l'ancêtre du trop célèbre Gautier, des Hospices, qui fit partie, quelques mois après, de la municipalité Renard ? La chose n'aurait rien d'étonnant.

LA GARDE NATIONALE.
POMPIERS ET ARTIFICIERS.

La Garde nationale.

Avec la Garde Nationale de Nantes, ses deux légions, ses quinze bataillons, nous entrons dans le chapitre le plus intéressant des *Etrennes*, celui qui nous donnera le plus de précieux détails sur les familles et les individus. Tous les citoyens de marque tenaient à honneur d'être gradés dans la Milice Nantaise, organisée depuis deux ans déjà. Leur liste est aussi documentaire que celle des membres de trois ordres, qui concoururent, en 1788, à la fête patriotique donnée sur les cours. Le « Tout Nantes » se retrouve là, à quatre années de distance.

Le chef d'état-major général de la 1re légion était

Pierre Jean, dit Piter, Deurbroucq, d'une ancienne famille originaire de Hollande. Il avait succédé au bouillant et remuant Coustard, quand celui-ci fut nommé député à la Convention. Il avait des armoiries. Son père avait été consul secrétaire du Roi, juge consulaire. Lui-même avait exercé ces fonctions de consul, héréditaires dans la famille, et il était président du Conseil d'Administration de la Garde Nationale avant de devenir chef de la première légion. Ce n'était pas un officier de carton, il le prouva en contribuant courageusement à la défense de Nantes en 1793. Je n'ai pas à suivre les brillantes étapes de sa future carrière : commandant de la Garde d'honneur impériale de Nantes, baron de l'Empire en 1809, élu député au Corps Législatif par le Sénat conservateur, en 1810, chevalier de Saint-Louis en 1814. Il habitait, dès l'époque des *Etrennes*, et il habita jusqu'à sa mort, survenue en 1831, sur l'île Gloriette (dont la Révolution avait fait, je ne sais pourquoi, la rue Gonneville), la belle maison de granit, connue sous l'appellation d'Hôtel Deurbroucq, où son fils, dernier du nom, aimable vieillard, auteur d'un volume de *Fables*, résidait encore vers 1865. Le portrait en profil de Piter Deurbroucq existe dans la collection de portraits au *Physionotrace*, de Quenedey ; il donne l'impression d'un homme distingué, aimable, d'humeur conciliante, tel, en effet, que nous le révèle sa vie publique et que nous le peint un discours du 5 mars 1791, où il s'efforce de contenter tout le monde.

L'adjudant-général de la première légion était L. Dufeu, carrefour Casserie, et le sous-adjudant J.-B. Lacour, place de l'Égalité. M. de Kerviler a donné la biographie très complète du garde national Dufeu.

Les Vétérans.

L'organisation de la Garde Nationale datait de la période héroïque de 1789. Elle était imbue du patriotisme un peu pompeux que la prise de la Bastille avait infusé dans le sang français. A Nantes — et je crois bien qu'il en était de même ailleurs — elle comprenait, avec les sept ou huit bataillons de chaque légion, un bataillon hors cadre dit « des Vétérans », organisé en 1790 et subdivisé en quatre compagnies que l'on désignait, pour accentuer leur caractère pacifique, sous les noms de plusieurs Compagnies *La Prudence, La Persévérance, L'Harmonie, La Sagesse.* Ainsi étiquetés, les Vétérans semblaient plutôt affiliés à une confrérie religieuse ou à une loge maçonnique qu'à une milice appelée à défendre ses foyers.

Un commandant, un commandant en second, un adjudant et un porte-drapeau, constituaient l'état-major du bataillon des Vétérans. Ils s'appelaient : Dehergne; Bonnement, lignée, au XIXe siècle, de capitaines au long cours et d'armateurs; Pimparay ou Paimparay, d'une famille de maîtres monnayeurs ; Guépin cite Pimparay comme figurant à la fête du Bonnet rouge, le 15 avril 1792 ; il portait une pique surmontée du bonnet de la liberté et fit partie du cortège de la Municipalité qui se rendit à Saint-Pierre pour assister à une messe. Aux Jacobins, il y eut un banquet. Le soir, accompagné des 12 fusiliers de la Garde Nationale, il entra au théâtre, dirigeant la manifestation, et fut accueilli par un discours de Hugues Hardouin, après que le drapeau et le bonnet rouge furent déposés sur la scène, puis attachés par les acteurs aux colonnes de l'avant-scène, et la représentation continua par le *Devin du village* et *Blaise* et *Babet*. Le dernier officier d'état major, nommé Ferrand, était marchand de « fayance » à la Fosse, N° 79, et devint un des notables de la mairie Renard; il rappelle le nom du fournisseur de l'armée en 1870.

Dans la compagnie « La Prudence », je trouve, avec F. Hardi, dont le nom s'est perpétué à Nantes, Denis Philippe aîné, sous-lieutenant en 2e; Ducommun, qui m'a tout l'air d'être proche parent du chirurgien de la marine en 1820 et du statuaire Ducommun du Locle, né à Nantes en 1804, auteur de la *Cléopâtre* du Musée et des statues de la fontaine monumentale de la place Royale, à

Nantes. Pêle-mêle dans les trois autres compagnies, voici : un Saffré, qui me fait souvenir que la famille noble de Saffray [se] dit originaire d'un bourg de l'arrondissement d'Ancenis portant le même nom ; un Gaborit, dont les descendants ou du moins les homonymes sont nombreux à Nantes ; un Couillaud qui pourrait avoir autre chose que le nom de commun avec un ancien banquier de la rue d'Orléans, associé avec M. Grassal, et dont le fils, M. Couillaud de la Rive, est également banquier. Je ne m'arrête pas plus à Giraud qu'à Dubois ou à Duval, ces trois noms étant monnaie courante. Camproger est plus rare ; avant d'avoir rencontré un imprimeur à Paris, je connaissais l'existence d'un inspecteur de la Compagnie d'Orléans à Nantes, devenu, depuis sa mise à la retraite, administrateur de Pen-Bron, qui vient de mourir à Nantes, le 30 Mai 1909, âgé de 80 ans, et qui devait être le descendant de Camproger, lieutenant en 1er de la Compagnie « La Sagesse » et demeurant rue des Oubliettes. On ne s'attendait guère à voir la Révolution conserver cette rue, à moins que ce ne fût pour flétrir le souvenir qu'elle rappelait.

Les bataillons.

Chaque bataillon comprenait, avec son état-major, uniformément constitué comme pour les Vétérans, une compagnie de grenadiers, quatre compagnies de fusiliers. Je passe en revue, c'est le cas de le dire, tous ces braves gens et ne puis que citer au passage : un Renard, probablement le futur maire ; un Crucy, cumulant son métier d'architecte avec son devoir de garde national, même de capitaine de sa compagnie ; un Giraudeau, que M. de Kerviler ne compte pas parmi les ancêtres du brillant avocat conservateur de nos jours. Mais il faut s'arrêter devant Meuris, un simple ferblantier, demeurant Haute-Grande-Rue, et qui commandait le second bataillon. Le 29 juin 1793, à la tête de 5 à 600 volontaires nantais, ce Meuris défendit la ville de Nort contre 4.000

Vendéens et perdit presque tout son effectif avant de céder un pouce de terrain. Chassin parle de la « valeur héroïque » de ce chef improvisé, et je comprends que Nantes ait donné le nom du ferblantier à l'une de ses rues. Meuris, originaire des Pays-Bas, était marié à une Nantaise. Jacobin convaincu, il fut tué plus tard en duel par Nourrit, girondin, capitaine de la Légion nantaise.

Continuons. Mais nous ne pouvons, comme Homère, accoler une épithète à chacun de nos personnages, de nos capitaines ou lieutenants, adjudants ou porte-drapeaux, dont l'énumération deviendrait fastidieuse, Il faut se borner à quelques-uns d'entre eux, laissant de côté un lot considérable de Garnier, de Dupont, de Fleury, de Thibault, de Martin. J'en passe et des moins notables.

Lamy, capitaine de la 2e compagnie de fusiliers du second bataillon, ne doit pas être étranger à des Lamy, associés aux Petitjean et fort connus plus tard dans le négoce nantais. Il demeurait rue Abailard (pourquoi n'avoir pas laissé à la rue Haute-du-Château, devenue, depuis quelques années, rue Mathelin-Rodier, le nom du grand philosophe nantais, stupidement ridiculisé ?) Il a pour collègues et voisins Pelé aîné, qui s'appelle comme un ancien notaire de la place Royale, et Emeriau, qui porte le même nom que Maurice Julien Emeriau, né à Carhaix, en 1762, promu vice-amiral vers 1812, mis à la retraite à la Seconde Restauration, pour avoir accepté de faire partie de la Chambre des Pairs créée pendant les Cent-Jours. De telles coïncidences sont rarement fortuites.

A la 3e compagnie du même bataillon, le capitaine Trioche (ne lisons pas Tricoche, qui demanderait Cacolet) a sous ses ordres le lieutenant Durocher. Celui-ci mériterait de nous arrêter, si nous ne savions que Léon Durocher, le barde breton montmartrois, le pentyern des fêtes de Montfort-l'Amaury, se nomme Léon Duringer; notre Durocher descend sans doute d'un maire de Nantes en 1747, qui était en même temps colonel de la milice bourgeoise et que l'excellent Perthuis n'a eu garde d'oublier dans son *Livre Doré*.

Kerhervé, capitaine de la 4e compagnie des fusiliers, demeurant rue Caylus (autrefois des Cordeliers), m'intrigue un peu. Il porte un nom doublement breton, d'apparence aristocratique, mais que je ne trouve point dans les nobiliaires.

Le commandant du 3e bataillon, M. Mulonière, eut-il des descendants qui s'appelaient de la Mulonnière? Dans son bataillon, je relève les noms bien nantais de Burgevin; Hamard; Trotreau (il y eut de ce nom un architecte, rue Crébillon, et un chapelier, place Royale, au milieu du XIXe siècle); Ernest, que portait undes membres du Conseil municipal de 1871; Buron, vieille famille nantaise, où on retrouve plus tard, en 1829, un médecin à Machecoul, un géomètre à Sainte-Pazanne, après un architecte et un capitaine au long cours et maintenant, à Paris, un dentiste, son fils, membre du Comité de l'Association parisienne des anciens élèves du Lycée de Nantes ; Thomas, qui eut des descendants, dont un courtier de marchandises, je crois; Gullman; Tranchevent. Nous avons un P. Bonami, rue Montfort, n° 13, membre de cette dynastie de Bonamy qui a compté, depuis le botaniste, auteur de la *Flore Nantaise*, au XVIIIe siècle, et compte encore tant de représentants. P. Mouton n'est pas le trésorier de la ville; il habite quai Forbin, l'autre île Feydeau.

Au 4e bataillon, un Debais, qui peut très bien, malgré la différence d'orthographe, s'apparenter aux sculpteurs et peintres Debay, ou à Victor Debay, l'éminent critique, fils d'un fabricant de chocolat de la rue des Arts; un Dubern fils, que je croirais bien, malgré l'apparente différence des conditions entre un porte-drapeau du bataillon des Ponts et un grand négociant, le fils du directeur de la manufacture d'indiennes, un des douze députés du Tiers-État en 1788. Autres noms nantais de ce même bataillon : Branger, Langevin, Faligan, Lemoin Mauriceau, Vrais, Oullard.

Le cinquième bataillon était celui du quartier Sain Clément. Sous les ordres du commandant Marchai rue Démosthène, j'y vois figurer un Huard, d'ancienn souche créole, un Delalande, un Guillemet. Les horti culteurs et jardiniers étaient dès lors nombreux dans c quartier voisin de la campagne. P.-Ch. Legendre, ru Maupertuis (ou des Carmélites), ne serait-il pas l'ancêtr de feu Legendre, directeur du Jardin des Plante architecte et archéologue, qui avait entrepris un gran ouvrage sur ce beau jardin ? Pépiniéristes ou ancêtre de pépiniéristes, les Cottineau, les Fouloneau e surtout les Potiron, les Poirier, dont les noms on des saveurs de légumes ou de fruits, Les Fruchard d l'époque révolutionnaire, que cite le *Livre Doré*, son un François, échevin, nouveau consul, notable, et u Juste, négociant; celui des *Etrennes* a un L pour ini tiale de son prénom, et, si je ne puis l'identifier ave aucun des deux précédents, au moins était-il de cett famille nantaise connue dès le XVIIe siècle. Avant d quitter le 5e bataillon, j'y note la présence de M. Pelletier route de Paris, lieutenant de la 4e compagnie; l'aimabl trésorier de l'Association parisienne des Anciens Cama rades du lycée de Nantes, dont le nom s'orthographi exactement de la même façon et dont la famille habitai le même quartier, reconnaîtra-t-il en lui l'un des siens?

Le 6e bataillon, qui se recrutait au carrefour de la Casserie, au Pilory, au Bouffay, offrirait aux vieux Nantais bien des observations intéressantes et aussi des « sujets » de marque, tels que le 1er sous-lieutenant de la compagnie de grenadiers, G.-M. Orieux, dont un descendant, M. Eugène Orieux, a écrit des volumes de vers et de sérieux ouvrages sur la ville de Nantes, dont il était le très distingué agent voyer, tels aussi que M. Guimard, un parent de l'auteur des *Annales Nantaises*, que Lourmand et Langlois, chefs ou représentants de familles bien connues dans l'industrie locale, ou que F. Guillet, homonyme du Bibliothécaire de 1820 et de mon excellent ami le publiciste Léon Guillet. Mais l'aigle de ce bataillon était le capitaine de la 2e compagnie de fusiliers, J. O'Sullivan, qui habitait rue Gaudine. J'ai déjà salué au passage cet Irlandais, qui donna le plus noble gage d'affection à sa ville d'adoption, Nantes, en empêchant d'être fusillés les 132 Nantais arrêtés par ordre de Carrier. C'est ici l'occasion de rappeler que, comme officier de la garnison, il fit partie de la petite troupe commandée par le ferblantier Meuris, qui défendit Nort contre les Chouans. Grièvement blessé, il eut à l'adresse des camarades qui regagnaient Nantes ce mot digne de ceux que Plutarque a rapportés : « Nous restons ici, nous mourrons pour la liberté ; dites aux Nantais d'en faire autant ». Les contemporains attestent que, chez O'Sullivan, la beauté du visage égalait celle de l'âme.

Le 7e bataillon, des quartiers du Port-Maillard et de Richebourg, n'était pas complètement organisé quand les *Etrennes* parurent ; l'état-major n'avait ni commandant en second, ni porte-drapeau. Le commandant du bataillon était ce Carié, déjà rencontré, qui n'avait aucun lien de parenté avec le proconsul auvergnat. Je note le capitaine C. Saint-Omer, qui demeurait à la barrière Richebourg, et dont le nom se retrouve plus tard comme raffineur associé aux Barré (Saint-Omer et Barré), nom porté à Nantes, entre autres, par deux avoués, sous l'Empire et la Restauration ; le capitaine Barrier, les sous-lieutenants Guichet, Herpin, Gueffier, Gerbaud ; tous ces noms ont une vraie couleur locale ; il y a encore plusieurs Guichet à Nantes ; un littérateur connu, du pays malouin, s'appelle Herpin ; quant à Gueffier, c'était, il y a trente ou quarante ans, le nom du coiffeur le plus élégant de Nantes, place du Pilori ; enfin, M. Gerbaud, ancien zouave pontifical, demeurant à Thouaré et à Legé, dirige à titre gracieux, les travaux du Calvaire de Pontchâteau. Quant à P. Chaux, lieutenant d'artillerie de la compagnie de grenadiers, l'initiale de son prénom ne me permet pas de l'assimiler à Etienne Chaux, qui joua un rôle très important sous la dictature et dans le procès de Carrier.

Deuxième Légion.

La deuxième légion de la Garde Nationale avait huit bataillons au lieu de sept. Son chef d'état-major général, C. Bouteiller, à Gigan (*sic*), appartenait à une ancienne et nombreuse famille, bretonne d'origine, plus connue sous le nom de Le Bouteiller ou de De Bouteiller. Il avait pour adjudant général un inconnu, Chandoux, pour sous-adjudant, Guillemet jeune, un des jacobins qui dételèrent la voiture des représentants du peuple prêts à quitter la ville au moment de l'attaque des Vendéens. Au premier bataillon, je trouve plus d'un Nantais de vieille date et de bonne souche, Coiquaud fils, rue Bayle, commandant en second, parent de l'oratorien Fouché; Daviau, issu d'une des nombreuses familles bretonnes de ce nom, qui n'ont, d'ailleurs, aucune espèce de rapport avec la très ancienne famille poitevine d'Aviau, seigneurs de Piolant et de Ternay; Poisson, aïeul, peut-être, de deux Nantais fort connus à l'heure actuelle, le chirurgien Poisson et M. Poisson, ancien notaire, directeur de *La Nationale*; Bridon, dont descendent probablement Me Bridon, ancien notaire à Pornic, et son fils Joseph Bridon, dit Brydon, peintre et critique d'art à Paris; Chauvet; fit-il souche d'une famille créole à laquelle se rattachait mon vieil ami, le fin poète Paul Chauvet. Le lieutenant de la 1re compagnie de fusiliers était un tout jeune homme du nom d'Omnes, décoré d'une médaille d'or par Louis XVI pour avoir sauvé deux voyageurs entraînés sous la glace et affublé d'un surnom, en qui se résume, comme l'a dit Pître Chevalier, « la pensée révolutionnaire »; tout le monde l'appelait *Omnes Omnibus*. Le Galipaud, qui figure comme armurier à la 4e compagnie, ne serait point, d'après M. de Kerviler, un homonyme fortuit de l'acteur comique, notre contemporain; il y a eu autrefois à Nantes des chanoines et des architectes de ce nom ; à Pornic, un escalier Galipaud, rappele le célèbre curé de l'époque révolutionnaire.

Gallway, commandant du second bataillon, maison Durbé, n'est cité nulle part; son nom indique une origine anglaise. Notons que dans la maison Durbé, au quartier de la Fosse, demeuraient d'Angers, sous-lieutenant de grenadiers; M. Aubin, sous-lieutenant de la 4e compagnie, ancêtre tout désigné de l'avocat Antony Aubin. Quelques adresses sont à retenir : *L'entrepôt des caffés*, pour S. Dumais; *Chezine* (on disait « à Chezine) », pour A. Bourmand ; le *coto* (*sic*) *Miseri*, pour J. Baudet. On n'avait pas perdu de temps en créant une rue Baco ; P. Lebœuf y habitait, au n° 4. M. Haentjens, Flamand d'origine, dont le nom reviendra souvent plus tard dans l'histoire du haut commerce nantais, commandait la 4e compagnie et demeurait quai Chaussay (?), n° 3.

Peu de remarques à faire sur le troisième bataillon, commandé par Binet. Tardiveau, Garreau y représentent le vieux Nantes. Un Van Neunen y fait son apparition; nous en avons trouvés, nous en trouverons d'autres. Il y a eu au milieu du XIXe siècle un arbitre de commerce nommé J. Joux, comme le lieutenant de la 4e compagnie.

Vasseur, sous-lieutenant de la 1re compagnie, G. Lahaye, lieutenant de la 3e du 4e bataillon, avec S. Adam, deuxième sous-lieutenant de la 3e, demeuraient dans la rue Cazanove (ancienne rue Saint-Lazare), aujourd'hui rue des Hauts-Pavés. Ce bataillon livre encore les noms, familiers aux oreilles nantaises, de M. Landais, P. Langlois père, J. Fonteneau et celui de A. Saveneau, qui signait, un peu plus tard, comme greffier en chef de la mairie, une affiche enjoignant à tous les citoyens français ou étrangers de présenter au commissariat de police leurs passeports le jour de leur arrivée « ou le lendemain s'ils arrivaient tard ». Il y avait encore, de mon temps à Nantes, deux Van Neunen. Il y en avait davantage en 1792 : Van Neunen *junior*, commandait le cinquième bataillon. Parmi les officiers qu'il avait sous ses ordres, je trouve, avec deux Perruchau, habitant au Bignon-Lestard, le fils, sous-lieutenant de grenadiers, le père, capitaine de la 3e compagnie de fusiliers, un autre Van Neunen fils aîné, rue du Chapeau-Rouge, n° 2.

Pierre-Marie Fournier, domicilié, comme nous l'avons vu, « à la Comédie », se détournait de ses devoirs civils pour commander le sixième bataillon. Il avait pour adjudant L.-L. Bataille, demeurant près la Corderie, rue Rubens, que Léon Brunschwicg, dans ses *Ephémérides Nantaises*, donne comme le grand-père du chanteur célèbre, qui mourut sous-préfet d'Ancenis. Dans son bataillon, je remarque un Drouin, un Hubert, un J. Mary, qui habite « maison Graslin », et un P. Coustard, 2e sous-lieutenant, que son prénom m'interdit de confondre avec le jeune Hercule, fils du député et l'un des plus ardents patriotes de la jeunesse nantaise.

L'Allemand Wieland, chef du septième bataillon, eut une triste fin. On ne lui tint pas compte de ses faits d'armes devant Machecoul, qu'il reprit, en avril 1793, à la tête des grenadiers de la Garde Nationale nantaise. Ayant capitulé dans Noirmoutiers, il fut accusé de trahison et fusillé en même temps que d'Elbée, quoique celui-ci eût affirmé qu'il n'était pas de connivence avec les royalistes. Ce tragique épisode a inspiré au peintre Le Blant son beau tableau du Musée de Nantes. Wieland avait pour adjudant Grandmaison, futur membre du Comité révolutionnaire de Nantes et complice de Carrier, dont il partagea le sort. Parmi ses officiers figurent : Pierre-Frédéric Dobrée, le premier des Dobrée venus de Guernesey à Nantes, consul des États-Unis, officier municipal, négociant notable, que nous retrouverons au commerce ; un Allemand qui fit souche nantaise,

Schweighauser; un Favre ; un Nourry ; un Fourcade, dont les descendants ont marqué et existent encore ; P. Saradin, le plus ancien que je connaisse de cette lignée de vieux républicains nantais, et qui, parfumeur, demeurait déjà rue Fosse, 19.

Groleau, capitaine de la compagnie de grenadiers, Rozier; un autre Grandmaison; Delpech; A. Leduc, officier, plus tard, de la Grande Armée, sous Napoléon Ier, et dont le vrai nom était Girard, ancêtre des deux peintres nantais et de l'éditeur de musique parisien, sont les officiers qui m'ont le plus frappé par les souvenirs nantais que leur noms évoquent dans le huitième bataillon, le dernier de la deuxième légion et de toute la Garde Nationale.

Garde nationale à cheval.

La Garde Nationale à cheval, composée de deux compagnies, complétait l'effectif imposant des gardes nationales nantaises. Je regrette de ne pouvoir décrire son uniforme et son équipement, que l'on peut, je crois, retrouver aux archives municipales et qui devaient, si j'en juge par cette simple indication : « compagnie houpette rouge — compagnie houpette bleue », ne pas manquer de panache. Plaisanterie à part, et sans même rappeler que le portefaix Nicolas Leclerc, condamné au pilori pour avoir volé, en 1792, un *chapeau à houpette*, avait dû dérober le corps du délit à un membre de la Garde Nationale à cheval, je me plais à déclarer que les cavaliers de la milice eurent , comme les fantassins, une part glorieuse dans la défense de Nantes. Leur commandant, Robineau, Cours de l'Égalité, qui fut blessé à l'attaque de Nantes en 1793, laissa des descendants, connus sous le nom de Robineau de Bougon. Le 16 octobre 1790, à l'élection du commandant en chef de la Garde Nationale, qui venait d'être, en prévision de graves événements, renforcée de plusieurs bataillons, il avait été en compétition avec Coustard de Massy; il eut au premier tour de scrutin un nombre de voix presque égal à celui de son concurrent, qui l'emporta définitivement au scrutin de ballotage. Les deux compagnies que Robineau commandait en chef comprenaient chacune un capitaine, deux lieutenants, deux sous-lieutenants, un adjudant, trois maréchaux-des-logis. Il y avait encore un trésorier, nommé Barbier, dont le grade n'est pas indiqué, et, en guise de fanfare, un trompette de la compagnie bleue, Boireau, qui logeait au château, un trompette de la compagnie rouge, Maurisset. Les officiers n'ont rien qui les signale à l'attention, sauf deux nobles appartenant à des familles citées dans d'Hozier, Limoelan et Defrondat. Le fils de ce dernier vécut une partie de sa vie à l'île Maurice. Une vieille demoiselle de Frondat, en qui le nom s'est éteint, est morte à Nantes avant 1870.

Bataillon des Élèves.

En tête de la Garde Nationale, marchait le bataillon des Vétérans; le bataillon « des Élèves», on a dit depuis des « pupilles », fermait la marche. Il avait un commandant de bataillon, Debreiène aîné, un adjudant, un porte-drapeau, cinq compagnies, et, seul de l'arme, possédait un tambour-major, le sieur Legrand, rue Delorme. Parmi les officiers, quelques noms nouveaux m'attirent, ceux de Métayer, de Lafargue, de Chaillou, de Poidras, que j'ai vu porter concurremment par un richissime propriétaire, M. Poydras de la Lande, et par un prolétaire, le mécanicien Poydras, conseiller municipal en 1871. Je trouve aussi un Durassier, qui m'a bien l'air d'être le futur secrétaire de la compagnie Marat, d'assez sinistre mémoire, en 1793. J'en aurai tout à fait fini avec la Garde Nationale en mentionnant, d'après les *Etrennes*, le secrétaire de l'état-major général, L. Labat, qui résidait au secrétariat à la Halle Neuve — neuve en 1792, et aujourd'hui renouvelée par le vaste bâtiment élevé sur l'emplacement du marché Talensac.

En 1792, Nantes n'avait pas de troupes de ligne. Il fallut que le représentant Coustard signalât au Comité de Salut Public le danger de livrer la ville aux entreprises de l'armée vendéenne pour qu'on se décidât, en juin 1792, à lui envoyer une garnison. La garde nationale joua donc le rôle le plus important dans les événements militaires, et elle paya largement l'impôt du sang.

Volontaires marins.

Pour la défense des côtes, elle pouvait se reposer sur le corps des volontaires, ayant à leur tête le commandant Guillaume Berthault, vieille famille nantaise, rue Contrescarpe, et un adjudant, Deslandelles, île Feydeau, parent, je présume, de Guihery Deslandelles, associé ou successeur de Colin, fondateur des conserves alimentaires, prédécesseur de Philippe et Canaud, et appartenant, peut-être, à la famille Veillet qui, à Moncontour, en l'an IX, portait le nom de Deslandelles.

La compagnie Dugai-Trouin (*sic*) avait comme capitaine : Leprêtre ; la compagnie Jean-Bart : Le Chevert, quai Forbin; et la compagnie Cassard : Wuibert.

A la différence des marins de la Vendée, ces volontaires marins de la Loire-Inférieure n'ont pas beaucoup fait parler d'eux.

Volontaires nationaux à St-Domingue.

Il en est autrement des volontaires nationaux du département ou Volontaires Nantais, qui, à peine constitués, envoyaient à l'Assemblée Nationale, le 20 février 1790, une adresse où ils demandaient à être organisés de la même manière que le seront les gardes nationales. Leur appel aux *Pères de la Patrie*, comme ils disaient dans leur pompeux langage, fut entendu. Ils eurent pour premier commandant en chef Coustard de Massy; pour commandant en second Deurbroucq, qui, mis d'abord à la tête de la Garde Nationale, furent remplacés, en 1792, par Josmet la Violais et Guéné. Vivait encore sous Louis XVIII le riche Deurbroucq, décoré, devenu baron de l'Empire et membre de la Société Académique.

Ils formaient alors une compagnie de grenadiers et huit compagnies, mais ils n'avaient qu'un capitaine, un lieutenant, un sous-lieutenant par compagnie, et un effectif total qu'on peut évaluer à 500 hommes environ.

Leur commandant en chef de 1792 n'était pas le premier venu. Jean-Louis-Gaspard Josmet (que les *Etrennes* appellent par erreur Jonet) la Violais s'était déjà préoccupé à Machecoul, son pays, de l'organisation d'une garde civique avant de devenir à Nantes lieutenant-colonel, puis commandant du bataillon des Volontaires Nantais. En 1792, on l'envoya aux Sables-d'Olonne réprimer les troubles de la région. Un peu plus tard, il alla faire campagne avec une partie de sa troupe à Saint-Domingue, où l'insurrection de Toussaint Louverture venait d'éclater. Cette présence du chef des Volontaires dans la grande île américaine explique une bizarrerie apparente; les *Etrennes* indiquent Saint-Domingue comme résidence de ces Volontaires, et j'avais cru d'abord qu'un quartier de la ville pouvait, en raison des relations commerciales de Nantes avec les Antilles, être désigné ainsi. Josmet la Violais laissa à ses subordonnés l'honneur de défendre Nantes; mais, de retour de son lointain voyage, il devint, au cours de la guerre de Vendée, général de brigade dans l'armée de l'Ouest, remporta quelques avantages, mais eut le tort de se mettre mal avec Hoche, contre lequel il écrivit un factum, qualifié par un citoyen de l'époque de *dégoûtant libelle*. Sa mise à la retraite d'office suivit de près. On voudrait mieux connaître le personnage dont on n'a guère que les états de services. Il était cousin germain de la femme de Charette, une veuve riche, et beau-frère de Luminais, député de la Vendée, ancêtre du peintre de ce nom. Il vivait encore en 1822.

Aucun des officiers des Volontaires Nantais ne joua un rôle important dans les nombreux faits de guerre de cette période agitée. Je ferais une exception pour O'Sullivan, sous-lieutenant de la 5e compagnie, si je croyais qu'il fût le même personnage que J. O'Sullivan, le capitaine de la 2e compagnie du 6e bataillon de la garde nationale; la simple réflexion nous apprend que nous avons affaire à un parent, modeste homonyme. Je n'ai pas rencontré encore les noms de Bourgouin, de Tardy, de Chapelain, de Le Roy, de Billard, de Portail. Celui de Marquis, tambour-maître de la 8e compagnie, ne me semble pas nantais; je vois dans Chassin qu'il était porté par un capitaine du 10e bataillon de la Meurthe. Celui de Perthuys, sous-lieutenant à la 3e compagnie, devait intriguer à bon droit et pouvait intéresser directement mon ami Alexandre Perthuis, à moins que ce distrait, qui eût parfois rendu des points au Menalque de La Bruyère, ne l'eût pas remarqué.

Gendarmerie.

L'effectif militaire, déjà imposant du département de la Loire-Inférieure, se complétait par la Gendarmerie Nationale, composée de 18 brigades, chacune formée de quatre gendarmes, un maréchal des logis ou un brigadier. C'était peu, et la vieille plaisanterie sur les « quatre hommes et un caporal » me revient en mémoire à propos des Pandores nantais de 1792. Dumouriez avait pourtant réclamé l'organisation, la multiplication des brigades de gendarmerie et leur envoi aux frontières menacées. Il avait obtenu peu de chose, et c'est seulement sous le Directoire que l'ancienne maréchaussée, définitivement transformée en gendarmerie, fut réorganisée dans les départements de l'Ouest. Notons que la gendarmerie était alors partagée en divisions. Le colonel de la 5e division, dont Nantes dépendait, résidait à Rennes et se nommait Gardin. Il y avait un officier pour trois, quelquefois deux, brigades, ce qui dénote un amour immodéré du galon. Quelques noms de ces officiers sont à retenir : celui, bien nantais, de Naudin, dont un descendant fut banquier, celui de Mourain, signalé plus tard par Chassin comme lieutenant de gendarmerie à Beauvoir et qui me paraît ne faire qu'un avec Mourain de Sourdeval, surtout celui d'un Charette, capitaine à Châteaubriant, sur lequel les biographes du fameux Vendéen ont négligé de nous renseigner, car il ne devait pas être parent du célèbre général. La gendarmerie noircissait déjà beaucoup de papier; elle avait son secrétaire greffier, Bureau, le bien nommé, à Nantes.

Pompiers.

Une rubrique très intéressante, et qui suit immédiatement la *Gendarmerie Nationale,* est celle-ci : *Officiers de pompes à incendie de la ville de Nantes avec les différent dépôts des pompes.* Dans une ville industrielle, où le risques d'incendie ne manquaient pas, on s'était préoccupé de bonne heure de porter remède au fléau. Dès le XVIe siècle, des confréries s'organisèrent dans ce but et ce sont des religieux qui manœuvraient, jusqu'au milieu du règne de Louis XV, les lourdes pompes à bras alimentées par les seaux d'eau puisés à la rivière. Vers 1760, des citoyens de bonne volonté forment une milice de pompiers ; en 1792, cette milice, organisée d'une façon sérieuse, avait son capitaine inspecteur et ses capitaines de pompes. Elle avait aussi un uniforme, déjà analogue à celui du casque légendaire dont les *Etrennes* ne font pas mention, à celui que nous avons connu et qui tend à se simplifier : habit bleu de roi, collet, parements et passepoil rouge, doublure et revers bleus, passepoil des parements et du collet blanc, veste et culotte blanches, boutons de la Garde Nationale.

C'est dans ce costume que les braves pompiers nantais allaient au feu. Leur métier n'était pas une sinécure, témoin, entre bien d'autres, le terrible incendie du théâtre Graslin, en 1796. On peut croire que, préposés à la conservation des biens et de la vie de leurs concitoyens, ils éprouvaient un légitime orgueil. Leurs officiers tenaient beaucoup à leur rang d'ancienneté et, dans les *Etrennes,* on a fait précéder leurs noms d'une lettre indiquant le rang. Le capitaine inspecteur était le premier officier municipal, Le Cadre, demeurant chaussée de la Magdelaine, et que je trouve indiqué, sur une pièce de 1790 relative à l'élection de la mairie Kervegan, comme exerçant alors la profession de ferblantier. Belzon, orfèvre, carrefour Saint-Nicolas, était capitaine de la pompe n° 1, en dépôt à la Maison Commune, où se trouvait aussi la pompe n° 2, dont le capitaine Poupard, marchand clincailler (*sic*), rue Bon-Secours, doit être un aïeul de Poupard-Davyl, l'auteur dramatique et romancier, condisciple de Chassin au lycée de Nantes. D'autres dépôts de pompes existaient à la nouvelle halle, à la nouvelle salle des spectacles (qui était la *Nouvelle Comédie*, construite place Graslin, par Crucy, en 1786), à « Chezine », chez Bedert, au corps de garde de la rue Demosthène (Saint-Clément), à l'Hôtel-Dieu, place Cosmopolite (Sainte-Elisabeth). Il n'est pas permis d'oublier les noms des capitaines de pompes, honnêtes commerçants pour la plupart, et qui ont d'autant plus de droits à la reconnaissance des Nantais pour avoir accepté des postes de combat. C'étaient : Mary, marchand cirier ; Hardy, marchand épicier; Le Roy, marchand horloger; Herbault, marchand épicier; Lahaie, marchand poêlier, et, confondu avec ces dignes représentants du négoce, le frère du grand architecte, Crucy jeune, rue Folard, capitaine de la pompe n° 7. Un capitaine surnuméraire devait remplacer à l'occasion un de ses collègues empêché; il n'était pas nommé ou pas encore en exercice quand parurent les *Etrennes* de 1793.

Artificiers.

Par une coïncidence assez naturelle, le petit almanach réunit dans la même page tout ce qui concerne le feu. C'est ainsi que l'entrepôt des illuminations de la ville de Nantes figure dans le paragraphe des pompes. L'artificier, le Ruggieri ou le Kervella de l'époque, qui ne devait pas chômer souvent dans cet âge d'or des fêtes publiques, s'appelait Hursin et demeurait rue de Richebourg ; c'était, sans doute, un parent de M. Ursin, membre actif de la Société Académique de Nantes sous la Restauration.

Il est bien naturel aussi d'indiquer, à côté du mal, un autre remède. La plus ancienne compagnie d'assurances contre les incendies venait de s'établir à Londres, sous le nom symbolique de *Chambre du Phénix*. Elle avait eu très vite une succursale à Nantes. Schweighauser et T. Dobrée, négociants en cette ville, étaient ses correspondants pour toute la *ci-devant Bretagne*. Je me reprocherais de ne pas reproduire le petit avis inséré par les *Etrennes* : « Il faut s'adresser à eux (à Schweighauser et Dobrée) pour les assurances à faire sur maisons, chantiers, navires, magasins, marchandises, meubles et effets quelconques.» L'assurance maritime était donc déjà en usage comme l'assurance ordinaire des immeubles ou meubles contre l'incendie. On serait bien curieux de connaître le taux des primes appliquées aux diverses natures de risques et en particulier aux risques industriels (usines, fabriques) très nombreux à Nantes. La petite note qui suit ne satisfait qu'à demi notre curiosité : « Les primes sont depuis 3 sous jusqu'à 12 sous. 6 deniers pour 100 francs par an, suivant les risques, et les conditions fort avantageuses. » Cette dernière phrase est énigmatique et nous semble, en tout cas, sujette à caution. Le taux de prime allant de 3 sous à plus de 12 sous pour 100 francs de capital assuré est énorme si l'on songe surtout à ce que valait l'argent autrefois, à ce qu'il vaut aujourd'hui. Les risques réputés les plus dangereux ne coûtent guère à l'heure présente plus d'un franc pour mille francs de capitaux assurés. Il y aurait sur l'établissement en France des compagnies d'assurances étrangères, sur la fondation et le développement des compagnies françaises autant que sur la variation du taux des primes depuis plus d'un siècle bien des choses à tirer de l'oubli, mais il faudrait traiter la question au point de vue nantais, et les renseignements précis manquent. Quant aux personnalités des assureurs nantais de 1792, elles n'étaient pas les premières venues. J'ai rencontré déjà un Schweighauser, officier de la Garde Nationale, dans la compagnie même de son associé et parent, Pierre-Frédéric Dobrée.

Les Dobrée.

Celui-ci, dont j'ai esquissé la vie publique, tenait la plus haute place dans le commerce nantais. Il avait fondé à la Basse-Indre un établissement industriel, sorte de forge, où il fabriquait des feutres à doublage et des câbles en fer pour la pêche à la baleine; il était armateur, et si son fils Thomas, qui eut lui-même pour fils l'archéologue créateur du fameux musée, donna de l'extension à la maison d'armement, il eut le mérite de l'ouvrir et le courage de la faire prospérer en pleine Terreur. Incarcéré deux fois en 1793, il fut sauvé par sa fille dans des circonstances tragiques, qui rappellent un peu le dévouement de Mlle Cazotte ou celui de Mlle de Sombreuil. A la Bibliothèque Nationale, j'ai retrouvé un document original, un placard de l'époque, que le *Journal de la Correspondance de Nantes* du 6 juin 1792 a publié avec quelques changements. C'est une lettre adressée à Pierre-Frédérick Dobrée par les négociants de Guernesey, son pays d'origine, et affirmant que ces négociants, se sentant, au fond, plus Français qu'Anglais, ne s'associeront jamais à la guerre en armant, comme on l'a faussement insinué, des corsaires contre la France. Trois Dobrée, parents de celui de Nantes, Thomas, Bonamy (*sic*) et Jean, figurent parmi les signataires de cette lettre. Je note, en passant, d'après M. de Kerviler (*Bio-Bibliographie bretonne*), qu'un ancien de la famille, celui d'où descendait Pierre Dobrée, s'était fixé, au XVIIe siècle, à Vitré, où les protestants étaient nombreux, et y avait contracté des alliances. Mais les Dobrée, d'après la généalogie de M. Pître de Lisle, sont de Saint-Peter-Port à Guernesey. Jean, le plus ancien connu, vivait en 1583. L'un, Nicolas, était capitaine des milices en 1730; un autre, Thomas, lieutenant bailly à Guernesey, en 1775 ; c'était le père de Pierre-Frédérick cité plus haut.

LA JUSTICE

Tribunaux.

Cedant arma togæ ! dit l'adage latin. Après le Nantes militaire, dont les Pompes à incendie et la Compagnie d'Assurances ne nous ont détourné que pour un instant nous arrivons au Nantes judiciaire, où la paix devrai régner sans mélange. Mais nous sommes, ou nous allon être, en 1793. C'est ainsi que le *Tribunal criminel*, institu dans le département comme dans tous les autres pa décret de la Convention Nationale, va devenir, pendan l'année terrible, la plus formidable comme la plu arbitraire des juridictions; il lui suffira pour cela d s'intituler « Tribunal criminel *extraordinaire* » et de s passer du concours du Jury. Le Jury, que l'on appelai à l'origine *Juré de jugement* et qui nous arrive d'Angleterre en droite ligne, était composé de douze citoyens pris sur une liste de deux cents, arrêtée tous les trois mois par le procureur général syndic du département à côté de lui fonctionnait un autre jury, dit *Juré d'accusation*, composé de huit citoyens. Le Juré de jugement s'assemblait le 15 de chaque mois, et le Juré d'accusation, une fois par semaine. Dans le principe, l'organisation était des plus équitables. Mais, dans l'application et sous la pression des événements, on supprima souvent l'un des jurys, on les supprima même tous les deux pour laisser au Tribunal criminel un pouvoir discrétionnaire. Ce tribunal avait son président, un accusateur public, un greffier et trois juges, pris chacun tous les trois mois et à tour de rôle dans les tribunaux de district ou tribunaux de première instance, sur lesquels nous reviendrons tout à l'heure. Il disposait des pouvoirs d'une Cour d'assises et justifiait son titre de *Tribunal criminel;* il devait donner à six hommes, dont les passions politiques enflammaient le zèle révolutionnaire, droit absolu de vie ou de mort sur leurs concitoyens.

Sous les ordres suprêmes du ministre de la justice, Garat jeune, personnage plus austère que son homonyme et parent le chanteur célèbre, le Tribunal criminel du département de la Loire-Inférieure avait pour président, en 1792-1793, Gandon aîné, un ancien avocat, membre du Directoire du département en 1790 et 1791.

qui fit également partie, avec son frère Gandon jeune, du Tribunal criminel *extraordinaire*, dont les troubles de mars 1793 hâtèrent la création. J'ai retrouvé bien peu de chose sur ce Gandon, qui refusa par la suite la mairie de Nantes, que lui offrait le représentant Ruelle. En revanche, les documents abondent sur l'accusateur public Giraud, place du Département, qui n'était autre que Pierre-Guillaume-Henri Giraud du Plessis, ancien député à l'Assemblée des notables de 1787, ancien député de la sénéchaussée de Nantes aux États-Généraux de 1789, maire de novembre 1791 à la fin de 1792. Lorsqu'il fut nommé, en décembre 1792, accusateur public près le Tribunal criminel, il écrivit à la Municipalité qu'il abandonnait la mairie, estimant le cumul des fonctions impossible; on fit imprimer, afficher sa lettre, et Baco le remplaça. Giraud Duplessis ne tarda pas beaucoup à s'apercevoir qu'il n'avait aucune vocation pour devenir le Fouquier-Tinville nantais; le 15 juillet 1793, il donnait sa démission d'accusateur public, en déclarant courageusement « qu'il ne pouvait vaincre sa répugnance à contribuer au jugement d'un homme sans le secours des jurés ». Il sauva pourtant sa tête, et sa franchise ne lui porta par malheur, car, de nouveau maire de Nantes en 1795, il fut successivement député de la Loire-Inférieure au Conseil des Anciens, préfet du Morbihan sous l'Empire, avocat général et conseiller à la Cour de Cassation sous Louis XVIII. C'est l'un des Nantais qui ont le plus marqué dans la vie politique.

Le greffier du Tribunal criminel, Coiquaud (Coicaud plus tard), rue Bayle, parent de Fouché, le futur duc d'Otrante, et grand-père du marchand de bois, mort il y a près de 30 ans dans son domicile de la rue des Cadeniers, ne se recommandant pas autrement à l'attention, je prends congé de ce Tribunal, où Bachelier allait bientôt exercer ses rigueurs, dites « fumées acerbes », non sans remarquer que, pour être gratuites, les fonctions des jurés n'en étaient pas moins obligatoires. S'ils ne se rendaient pas à la sommation qui leur était faite on les condamnait en 50 bons d'amende et à la privation de leurs droits d'éligibilité et de suffrage pendant deux ans. On ne badinait pas avec la justice révolutionnaire.

Il y a bien des anomalies dans l'organisation judiciaire de ce temps-là. Les tribunaux de district répondent assez exactement à nos tribunaux actuels de première instance, à cette réserve près qu'il y avait plus de districts qu'il n'y a d'arrondissements (9 au lieu de 5 dans la Loire-Inférieure). Ces tribunaux de district jugeaient certaines questions en premier et dernier ressort; pour d'autres questions, on pouvait se pourvoir en appel du jugement rendu. Rien de mieux jusqu'ici, Mais savez-vous quels étaient les sept tribunaux de districts susceptibles de casser les jugements des tribunaux de district de Nantes? Ancenis, Clisson, Savenai. Paimbœuf, Machecoul, Guérande et... Rennes. C'est, à dire, six petits tribunaux qui auraient dû graviter dans l'axe du tribunal du chef-lieu et un tribunal d'une grande ville voisine, étrangère au département. Cet assemblage est au moins bizarre et il faut reconnaître que, en remplaçant ces tribunaux de district par les tribunaux d'arrondissement et en créant les Cours d'appel qui confirment ou cassent les jugements de première instance, la centralisation impériale n'a pas été si maladroite.

Le Tribunal du district de Nantes — et il en était ainsi de tous les autres — comprenait des juges, leurs suppléants, un commissaire national, qui exerçait les fonctions de ministère public, un greffier, un commis-juré. Les huissiers, que nous appellerions huissiers-audienciers, avaient leurs noms inscrits à côté de ceux des magistrats. Il n'y avait ni président, ni vice-président; cela eût paru contraire, sans doute, au principe d'égalité.

Les membres du tribunal étaient choisis sur place. Les

six juges de Nantes et leurs quatre suppléants portent des noms bien nantais, mais que, pour la plupart, nous n'avons pas encore rencontrés : Maussion, président (il y eut plus tard un armateur de ce nom) ; Marion (les Marion se sont dits depuis de Procé ou de Beaulieu) ; Gandon le jeune, frère cadet du président du Tribunal criminel ; Pineau ; Leminihy ; Phelippe ; Trioche, un des rares magistrats que nous ayons trouvés à la Garde Nationale ; Bruneau ; Grasset ; Lecomte. Bons Nantais aussi le greffier Blanchard, rue du Soleil, et son commis-juré, Bertrand, qui est logé au greffe. Le commissaire national, Félix Gédouin, place l'Egalité, est donné comme procureur et notable par M. de Kerviler, qui doit le confondre avec un autre Gédouin François-Antoine, avocat et membre du Comité municipal de Nantes en 1789 ; mais tous deux sont Nantais de race. En 1819, les *Etrennes* de Forest mentionnent comme avocats Gédouin aîné (1775), quai Dugay-Trouin, et Gédouin fils (1809), rue Racine. Même remarque pour les huissiers Trastour et Guyon, dont les descendants devaient marquer dans la médecine et la chirurgie, Verneuil et Joubert. Ce dernier demeure près le pont Paix, ancien pont d'Aiguillon, qui retrouva plus tard son ancienne appellation.

Le Tribunal de la police correctionnelle, organisé par l'article 49 de la loi du 22 juillet 1791, différait très peu de ce qu'il est aujourd'hui. Il se divisait, pour Nantes, en deux chambres qui, provisoirement et en attendant un local suffisant, « tenaient leurs audiences » au Palais, place du Bouffai, ou, pour mieux dire, dans l'ancienne tour du Bouffay, les mercredis et samedis. Seulement, les juges, au lieu d'être, comme à présent, pris parmi les membres des tribunaux, étaient les six juges de paix de la ville, trois pour chaque chambre. Dupuis, d'Havelooze, Chaillou tenaient l'une des chambres ; Debourgues, Abraham et Cormier, l'autre. Un des juges de paix siégeait en permanence tous les jours, de 9 heures du matin à midi et de 3 heures à 6 heures, dans une des salles du palais; il remplissait les fonctions d'officier de police de sûreté, recevait les plaintes et les dénonciations, interrogeait les prévenus arrêtés. Son rôle était celui d'un commissaire de police, et aussi d'un juge d'instruction.

Juges de paix. Les juges de paix reviennent ici sur le tapis. Nous apprenons que leurs audiences se tiennent, les 1er et 6 de chaque décade, dans leurs demeures mêmes, et non point, comme aujourd'hui, dans des prétoires, qui peuvent être distincts de leurs domiciles personnels.

Abraham, qui dirige les sections 1, 2, 3, a réussi pourtant à ce qu'on fît une exception en sa faveur. Il demeure rue Delilles (*sic*) (cloître Notre-Dame) et il donne audience rue du Tertre, vis-à-vis le cimetière de Saint-Similien. Ses suppléants se nomment Delugré et Laurent, son greffier Fenioul, ou plutôt Fenouil, les interversions de lettres n'étant pas rares dans les *Etrennes*. Biret, Civel, qui ne renieront pas leur origine, deux Leroux comptent parmi ses assesseurs. Chaillou, rue Pope, a dans ses attributions les sections 4, 5, 6. Un des Dehergne, l'aîné, est son suppléant avec Lavalette; Huart, dont le nom s'est perpétué, est son greffier. Du milieu de ses assesseurs : Lacroix, Leroy, Marchand, Guilmet (ou plutôt Guillemet) qui laissa de nombreux descendants à Nantes auxquels il est difficile de le rattacher, et un autre, qui répond au nom bizarre de Contremoulin aîné, parent probable d'un autre Contremoulin, qui, en 1791, était sous-lieutenant en 2e à la Compagnie « La Persévérance » du Bataillon des Vétérans, se détache Fellonneau, également aîné. Des destinées brillantes attendaient ce François de Salles Fellonneau, d'une famille originaire de Bordeaux et inscrite dans d'Hozier; il sera Maire de Nantes de l'an VII à l'an IX et mourra sur son siège.

Les suppléants de Debourgues, le juge de paix de la rue des Halles, qui avait dans ses attributions les sections

7, 8, 9, ne sont pas indiqués dans les *Etrennes*. Un de ses assesseurs, Couciraut, doit avoir son nom mal orthographié; ou je me trompe fort, ou c'est Gougurau, imprimeur-libraire. Un autre, Freulet, rue des Chapeliers, peut fort bien se confondre avec Freulet de Loutinais, procureur du roi au siège de la Monnaie de Nantes avant la République.

Sur les ponts, à la tête des sections 10, 11, 12, je trouve ou plutôt retrouve d'Havelooze fils, 37, pont de la Magdelaine, représentant d'une vieille famille d'origine anglaise, dont j'ai connu des descendants. Plusieurs assesseurs, dont on ne nous nomme pas les suppléants, méritent d'être mentionnés. C'est Garno qui a son nom dans d'Hozier pour la Bretagne ; c'est Saget, Budon, Gereau, qui ont figuré ou figurent encore dans le commerce nantais; c'est Derivas, (de Rostaing de Rivas), directeur de la *fayencerie* (*sic*) sur les ponts, que nous retrouverons. Quant au greffier Dufeuillet, s'il n'était pas un ascendant des Pihan Dufeuillay, j'en serais étonné.

Cormier, avoué, le juge de paix des sections 13, 14 et 15, vis à vis la Bourse, avait un assesseur du même nom que lui, J. Cormier « tenant les marchandises de l'Inde », près le Bon Pasteur. D'autres assesseurs de Cormier ont fait parler d'eux : Cuissart, en la personne d'un adjoint, sous le maire Ferdinand Favre et le Second Empire; Lavigne, en celle du concessionnaire de la loge Graslin au théâtre avant la guerre de 1870. J'ignore si le Bernard cité — les Bernard sont nombreux — est un parent de mon ancien collègue et ami Remy Bernard. Quant à Van Neunen jeune, c'est déjà une vieille connaissance.

Le dernier des juges de paix, celui des 16e 17e et 18e sections, Dupuis père, négociant, rue de Launai, n'avait au nombre de ses collaborateurs aucun Nantais, sauf Hardouin, dont le nom soit encore porté aujourd'hui.

En dehors de leurs audiences privées et des fonctions

policières qu'ils remplissaient à tour de rôle au Palais, les juges de paix de Nantes avaient un Bureau de Conciliation. Quelles étaient les attributions de ce Bureau qui, d'après les noms de ses membres, était composé de juges honoraires, d'anciens magistrats? Je ne saurais préciser, me bornant, d'après les *Etrennes*, à indiquer qu'il se réunissait trois fois par semaine à l'Hôtel de Ville. En regard du nom, bien connu et honorablement porté depuis un siècle, du premier de ses membres, Jalabert père, est inscrit la date de sa nomination, 1792. Viennent ensuite Beaufranchet, le même apparemment que le président du Directoire du département, Petit des Rochettes, qui évoque plusieurs générations nantaises ; Brounais, maître de pension ; Houget, encore un vieux Nantais, et Lenormand, père du greffier du juge de paix Cormier. Ce Bureau de Conciliation — sorte de chambre des juges — était trié sur le volet.

Je passe très rapidement sur la désignation des juges de paix des sept cantons ruraux du district de Nantes, aussi bien que sur celle des juges commissaires nationaux suppléants et greffiers des huit tribunaux de districts, Ancenis, Châteaubriant, Blain, Savenay, Guérande, Clisson, Machecoul, Paimbœuf. Je retrouverais beaucoup des noms que j'ai déjà relevés, en parlant des Conseils et Directoires de districts. Le cumul des fonctions administratives et judiciaires, toléré dans une grande ville comme Nantes, ne pouvait manquer d'exister dans de petites localités où le recrutement des citoyens capables et de bonne volonté n'était pas, à beaucoup près, aussi facile. D'ailleurs, de nombreux postes restaient encore inoccupés, et très souvent la lettre N, suivie de plusieurs points, indique que la place n'est pas prise ou que le titulaire est « sorti ».

Pour ne rien omettre, je signale deux Trastour : l'aîné, juge de paix; le jeune, greffier à Paimbeuf, d'où la famille est certainement originaire. Je retrouve à Machecoul, un Gaschignard à côté d'un Joyau, d'un Vrignaud, d'un

Charruau, qui ont fait souche nantaise. Audap et Dugast, à Clisson ; Lorieux, au Croisic ; Pissebuche, à Mesquer (district de Guérande); Brossaud, Merot fils, à Savenay; Cocaud, Chiron, Bessejon, *de Nantes* (*sic*), à Blain; Blouen, Rodrigue, à Châteaubriant; Luneau, Lebec, à Ancenis, ajoutent quelques noms nouveaux à une liste déjà longue de braves gens qui, peu ou prou, furent mêlés aux affaires publiques à l'époque la plus troublée de notre histoire.

La Monnaie de Nantes.

Je suis pas à pas les *Etrennes*, estimant que ce petit voyage autour du vieux Nantes aura d'autant plus de charme qu'il aura été fait sans trop d'ordre ni de méthode. Mais entre les Tribunaux de districts et le Tribunal de Commerce, je ne m'attendais guère à trouver l'*Hôtel des Monnaies*. Pénétrons-y, puisqu'on nous invite. Sa situation, place du Bouffai, lui créant un voisinage avec l'ancien Palais de Justice, explique peut-être qu'on l'ait intercalé dans le Nantes judiciaire.

Sans être un des ateliers monétaires les plus importants de France, Nantes figurait, depuis Henri IV, parmi les dix-sept villes, Paris compris, où l'on battait monnaie Sa marque était un T. On trouve encore assez souvent des pièces et des sols à l'effigie du pauvre Louis XVI, portant ce T incisé dans le métal; quelques-uns à la date de 1793 circulaient et purent même être frappés après la mort du Roi. La Monnaie de Nantes ne fut fermée, en effet qu'au cours de cette année 1793, et on y frappa jusqu'au bout des pièces à l'effigie royale.

Les fonctionnaires de l'*Hôtel des Monnaies* formaient à Nantes toute une petite administration, à la tête de laquelle étaient le commissaire national, ex-commissaire du Roi, nommé Pussin; son adjoint, Piquet; le directeur et trésorier particulier Thomas; un essayeur, Lecourt ; un graveur, Poirier. Ces cinq personnages, composant à la fois le bureau et le service technique, étaient logés à la Monnaie. On leur avait adjoint des *officiers des monnoyeurs*, dont les fonctions ne sont pas nettement définies, mais qui devaient, d'après leur titre, être préposés à une haute surveillance et organisés militairement. C'étaient : un prévôt, Couillaud de la Rive ; son lieutenant, Ives Artaud ; un prévôt des ajusteurs, R. Bridon ; son lieutenant, F.-J. Arthaud. Notons, en passant, cette différence d'orthographe entre Artaud et Arthaud. Le premier habitait Isle des Chevaliers, le second à Rezé, ce qui prouve qu'ils surveillaient d'assez loin l'Hôtel des Monnaies. Il y avait sans doute un poste de Garde Nationale à proximité.

Tribunal de Commerce.

Le Tribunal de Commerce a toujours eu beaucoup d'importance à Nantes, et ses attributions n'ont pas varié depuis que le rédacteur des *Etrennes* écrivait : « Toute affaire de commerce de terre et de mer, en matière civile seulement, sont de son ressort ». Il tenait alors ses audiences les lundis, mercredis et samedis, à 10 heures du matin, à la maison Villestreux, ce bel hôtel de granit de l'île Feydeau, où Carrier descendit à son arrivée à Nantes. Des élections pour la composition du Tribunal avaient lieu en 1792. Celui que les négociants de Nantes avaient jugé le plus apte à trancher leurs contestations commerciales et qu'ils avaient, en conséquence, nommé président, était Alexis Mosneron de Launay. Il avait montré sa compétence comme membre du Bureau central d'administration du commerce créé par le ministre de l'intérieur en 1791. Ce bureau, qui comprenait des délégués des grandes villes commerciales, Lyon, Marseille, Lille, Dunkerque, Paris, Nantes, avait pour mission de défendre, près du pouvoir central, les intérêts des commerçants. Mosneron avait été à la hauteur de sa tâche ; ses concitoyens l'en récompensèrent. Les juges au Tribunal de Commerce, Prasle, Rozier, Guesdon, capitaine (au long cours, sans doute), portaient, ainsi que leurs suppléants, Claude Lory, Bonamy, d'Havelooze aîné et Lormier, des noms estimés sur la place de Nantes. Le greffier en chef Pradel, et, le commis-juré, Morin, remplissaient des fonctions communes à d'autres tribunaux. Un poste original était celui du receveur des droits maritimes Pelieu, île Feydeau ; il avait un adjoint, Rignolet. Cinq huissiers étaient attachés au Tribunal de Commerce ; ils ne se confondaient pas, comme aujourd'hui, avec les huissiers près les tribunaux civils.

Le tableau de Nantes judiciaire se complète par le trois listes, extrêmement intéressantes, des professions libérales qui se rattachent à la justice. En énumérant les hommes de loix (*sic*), qui ne sont autres que les avocats, les avoués, qui avaient dépouillé depuis peu leur appellation séculaire de procureurs, les notaires *publics*, ex-notaires royaux, bientôt notaires tout court, nous résumerons ce que le Tiers-État nantais comptait de remarquable dans les professions libérales ayant la loi pour base ou pour objet.

Noblesse de robe. Les avocats.

Il y avait même, parmi les *hommes de loi* ou avocats, une noblesse de robe qui, dans les cérémonies, marchait en tête de la compagnie et ne s'humiliait pas devant la noblesse d'épée. Les *Etrennes* distinguent ces aristocrates en toge et bonnet carré et les placent par rang d'âge ou d'ancienneté au début de la liste. Le premier nommé s'appelle pourtant Geffray sans particule et donne son adresse rue Racan, ex-rue Saint-Denis. Mais j'ai constaté que son vrai nom était Geffray de la Panneterie et que, avocat lui-même, il descendait d'anciens avocats et d'un échevin de la ville en 1704. Viennent ensuite, dans la majestueuse ordonnance de leurs noms, titres et qualités, Le Roux de la Mostière, Cocaud de la Ville-au-Duc, Heulin de la Martinais, Turpin du Prouzeau (allié aux Turpin de Crissé), Texier de Louvrardière. Mais il manque, je ne sais pourquoi, Saulnier de la Pinelais, pourtant reçu licencié en 1779 et qui resta au tableau presque tout le règne de Louis Philippe. Une mention spéciale est due à Jean-Baptiste Gellée de Premion dont la famille, très ancienne, portant d'après d'Hozier et le *Livre Doré* « d'azur au compas d'argent », a donné son nom à une rue de Nantes. Gellée de Premion avait été maire de Nantes à deux reprises, de 1754 à 1762, de 1776 à 1782; il était octogénaire à l'apparition des *Etrennes*, puisqu'il mourut le 12 novembre 1794, à l'âge de 83 ans. Nul n'aurait toléré qu'il disparût de la liste d'un ordre qu'il avait honoré par ses vertus et ses talents. La reconnaissance de la ville lui est demeurée fidèle, le musée archéologique conserve son portrait en pied qui faisait partie de la collection des portraits des maires avant la Révolution. Après la noblesse, voici la bourgeoisie de robe, très digne de marcher à côté d'elle. Plusieurs de ces robins — comme on les désignait alors sans intention ironique — ont demandé, dès 1789, à faire le service de la garde nationale, dont leur charge pouvait les dispenser. Ce sont, avec Villauduc-Cocaud (ou Cocaud de la Villauduc) et Heulin de la Martinais, déjà nommés, Marion, qui peut aussi s'appeler Marion de Procé, Delaville-Leroulx, Marie jeune, Cotelle père et fils, Urien, frère du citoyen notaire; Gédouin, le juge au Tribunal révolutionnaire, Angebault fils et Angebault jeune, Baron, Clavier, Ballais. Maussion est l'un des plus connus : juge du district de Nantes, il a été concurrent de Baco lors de sa toute récente élection à la mairie de Nantes et il a réuni sur son nom une imposante minorité. Sauquet est redevenu avocat après avoir été procureur syndic de la Commune, prédécesseur de J.-M. Dorvo. Letourneux, toujours inscrit à l'ordre, est procureur général du département. Quant à Ménard, il peut bien donner son adresse à la Maison Commune, nous avons vu qu'il y siège en permanence, remplissant les absorbantes fonctions de secrétaire-greffier. Je trouve son nom au bas d'une affiche, où il rassure ses concitoyens contre un *canard* de l'époque : le bruit avait couru qu'il y avait cinq canons chargés à mitraille dans l'église Saint-Donatien.

En somme, les 37 avocats inscrits en 1793 au Barreau de Nantes (j'en ai omis quelques-uns) représentaient très dignement l'ordre.

Il y avait à Nantes, en 1793, beaucoup plus d'avoués que maintenant; on n'en comptait pas moins de vingt-sept, ce qui prouve l'empressement que mettaient les « basochiens » à se rendre acquéreurs des anciennes charges de procureurs et aussi, à dire d'experts, la fréquence des procès. Mais je pose un point d'interrogation : tous les avoués de la liste des *Etrennes* étaient-ils réellement en fonctions ou continuaient-ils d'exercer leur métier concurremment avec des charges politiques? Le cumul me paraît difficile en ce qui concerne Hyacinthe-René Nouel, rue Soleil, qui très certainement ne fait qu'un — les prénoms sont identiques — avec Nouel, substitut du procureur de la Commune. Je n'ai relevé que cet exemple; il peut n'être pas le seul. Les avoués, qui étaient des bourgeois qualifiés en même temps que d'habiles légistes, n'étaient-ils pas tout désignés pour couvrir de leurs noms et assister de leurs lumières leurs collègues du district ou de la municipalité?

Plus d'une famille nantaise encore existante reconnaîtrait les siens parmi ces nouveaux officiers ministériels dont les *Etrennes* ont enregistré les noms et presque toujours les prénoms. Des Le Merle, des Goupil, des Lemarié, des Burguerie, des Bulet seraient aisément retrouvés aujourd'hui. Les Pouponneau étaient avoués de père en fils, et j'ai pu connaître l'un d'eux, vieillard aimable, qui faisait de petits vers badins et des chansons anacréontiques à dire au dessert. Jacques-Pierre Papin était, ou je me trompe fort, l'aïeul de Papin de la Clergerie, chef de bureau à la mairie à l'époque où j'habitais Nantes et membre des sociétés savantes de la ville, et de M. R. Papin de la Clergerie, qui est actuellement chef du Secrétariat du Conseil Général de la Loire-Inférieure.

Des 27 avoués de 1793, les deux qui ont le plus marqué

sont René-Alexandre Garnier, rue Bossuet, et Garreau, dont le domicile est assez vaguement indiqué « près la Maison Commune ». Ce furent, dans leur modeste sphère, des personnages historiques.

René-Alexandre Garnier de la Mulnière, fils d'un notaire et procureur du duché de Retz, à Bourgneuf, était né en 1741. Procureur au présidial de Nantes avant 1778, il fut, un des premiers, nommé avoué près le Tribunal des districts, à la réorganisation judiciaire du mois de septembre 1793; il allait être arrêté comme aristocrate, on lui prêtait un propos séditieux, on l'accusait d'avoir dit qu'on était plus libre sous l'ancien régime que sous le nouveau. Il fit tout naturellement partie des 132 Nantais; il eut la chance de ne perdre ni la vie, ni la liberté, et, acquitté après le 9 Thermidor, il revint à Nantes et reprit son étude. Il fut l'un des douze avoués près le Tribunal Civil que le sénatus-consulte de l'an VIII conserva. Il mourut en 1813.

Plus tragique est la destinée de Garreau — Garreau tout court, impriment les *Etrennes*, mal renseignée sur son compte — en réalité Joseph Armand Garreau du Brossais. Lui aussi était procureur au présidial de Nantes avant de devenir avoué. On en fit même, en 1790, un procureur général de la Commune; mais sa modération, sa tiédeur, le firent bientôt remplacer par Dorvo. Comme Dorvo, comme Garnier, Garreau fit partie de la colonne des 132 Nantais; mais, moins résistant que ses compagnons d'infortune, il ne put supporter les fatigues du voyage, les privations de la captivité, et il mourut, le 22 janvier 1794, dans la maison de santé du Dr Belhomme, qui s'élevait sur l'emplacement actuel de la maison Dubois. Garreau parlait et écrivait bien : plusieurs de ses discours et de ses lettres ont été imprimés; la Bibliothèque de Nantes conserve manuscrit son réquisitoire dans une délibération de la municipalité de Nantes du 20 mai 1791, en faveur des gens de couleur. Rappelons que les Nantais les plus républicains demeuraient alors, pour des raisons commerciales, partisans de la traite des noirs. On trafiquait du bois d'ébène comme d'une denrée courante et quiconque tentait de s'opposer à ce trafic était taxé de folie.

Notaires.

Les notaires publics, qui s'étaient appelés, devaient s'appeler encore les notaires royaux et devenir, pour le rester, notaires tout court, étaient nombreux à Nantes en 1792-1793, moins pourtant que les avoués et les avocats. Il y en avait dix-neuf, chiffre qui n'a pas beaucoup varié: ils étaient dix-huit en 1820, ils sont encore dix-huit aujourd'hui. Beaucoup de leurs études étaient centenaires. Je les cite dans l'ordre où les donnent les *Etrennes*; mes recherches m'ont fait retrouver quelques-uns des titulaires antérieurs et postérieurs à la Révolution. Rien n'est plus intéressant pour l'histoire des familles nantaises. Alors, comme aujourd'hui, le notariat des grandes villes se recrutait dans l'élite de la bourgeoisie riche.

Briand « le jeune » ouvre la liste dressée par rang d'ancienneté. Cet homonyme du ministre socialiste exerçait depuis 1754. Il avait eu Duhil et Lelou comme prédécesseurs. Son étude, établie rue Fosse, se fondit au commencement du XIXe siècle avec celle de Guillet, rue de la Juiverie, titulaire en 1793, et dont le fils exerçait encore en 1820. Guillet avait succédé à Coisquaud et à Martin de la Coutancière. Les deux études réunies élurent domicile Carrefour Casserie, 14. Je perds leur trace.

Guesdon, rue Suffren, était devenu notaire la même année que Briand, 1754. Les *Etrennes* indiquent comme son prédécesseur Recommencé, parent, sans doute, d'un Recommencé, ingénieur ordinaire des Ponts et Chaussées, rue Maupertuis, en 1792. Un Guesdon est donné en 1820 comme ayant été un des titulaires de l'étude Jalabert que nous retrouverons. Il y en eut un autre qui fut Directeur de la Cie d'Assurances La Nationale.

Urien, le « citoyen » Urien, était un peu sauvage; il

fournissait les expéditions des actes des notaires décédés. Il avait succédé à son père en 1767; il était encore en exercice en 1819. Son étude, fort ancienne, sise rue J.-J. Rousseau, puis transférée quai Cassard, avait appartenu successivement à Lepelletier, à Mocquart, à Poirier. Un de ses successeurs, à la fin de la Restauration, fut Francheteau, père de mon collègue au Conseil Municipal, devenu juge de paix du 2e canton et récemment décédé.

Rue Crébillon se trouvait l'étude de Lambert, qui avait succédé à Duboueix, son beau-père. Lebec, qui vint ensuite, s'établit Basse-Grande-Rue (les documents officiels répètent à l'envie ce curieux pléonasme « Rue Basse-Grande-Rue »).

Hérault, rue Soleil, ancien nom de la rue Beau-Soleil, n'avait eu qu'un prédécesseur, son père; je ne lui connais d'autre successeur qu'un Joyau, aïeul de l'architecte, qui transféra l'étude rue du Château; même transmission de père en fils s'applique à Moricet, rue Juiverie.

Détail singulier : un Le Gouais, de St-Julien-de-Vouvantes, avait été le premier titulaire de l'étude du quai Brancas, dirigée en 1793, et depuis 1777, par Daniel du Mortier, qu'une pièce du temps désigne simplement sous le nom de Daniel. Cette étude importante absorba celle, assez voisine, de la rue Bayle ou rue de Gorges, où s'étaient succédé Appuril et Coisquaud. Elle eut plus tard à sa tête Bruneau, le père et le fils Royer, Brard, notaire en 1845 de ma tante de Verville, chef d'une famille bien connue aujourd'hui. Il la dirigea longtemps.

Les Jalaber, ou Jalabert, étaient de vieille souche nantaise. L'un d'eux, que j'ai connu fort âgé, avait fait sous la Restauration, en faveur des Grecs, des vers d'un patriotisme ardent. Trois de ses ancêtres avaient été notaires de père en fils dans la rue des Carmélites, débaptisée par la Révolution qui en fit la rue Maupertuis, puis place Saint-Pierre. Il y avait près d'un siècle de notariat dans cette famille Jalabert.

Les Defrondat ne sont pas pour nous de nouvelles figures; ces très honorables bourgeois nantais avaient en eux l'étoffe de parfaits notaires. En 1782, l'un d'eux, le fils, s'établit dans l'étude de la Basse-Grande-Rue, qui avait vu se succéder Jean, André et Antoine Charier, G. Allain et Forget. Lui-même prit la place de son père. J'ignore à quelle époque l'étude passa place du Commerce; elle y était sous la Restauration, du temps du notaire Citerne ; elle est aujourd'hui, 5, rue du Calvaire.

Place du Bouffay, dans le voisinage de l'ancien Palais, à l'ombre de la vieille tour tragique qui devait présider à tant d'exécutions, le notaire Fresnel avait recueilli la succession de nombreux tabellions; il passa son étude à son gendre Bertrand, de la famille de Louis Séraphique Bertrand, l'ami de Desforges-Maillard et l'un des plus agréables poètes nantais du XVIIIe siècle. Bertrand fut remplacé par Morin d'Yvonnière, puis par Jousset, grand-père ou grand-oncle du très distingué et regretté peintre de marine, notre contemporain. Avec ce dernier, l'étude émigra quai Brancas, près de celle de Me Brard.

Il ne faut pas confondre les deux notaires homonymes Briand le jeune, rue Fosse, et Briand du Marais, quai des Gardes Françaises, ancien quai Flesselles. Les Du Marais avaient, dès le XVIIIe siècle, des prétentions fondées à l'aristocratie. Ils se sont éteints en la personne du frère de Madame Bacqua, un célibataire original qui habitait rue Saint-Clément, près du couvent de la Visitation, et était parfois pour les religieuses un voisin assez incommode. Briand du Marais avait prêté serment en 1783 et succédé à son père. Une longue lignée de notaires les précédait tous deux dans cette étude. C'étaient Jourdanot, Ferrez, Desprey, Delesbaupin père et fils. Comme presque toutes ses pareilles, l'étude de Briand du Marais déménagea; je la trouve, sous la Restauration, à l'époque du notaire Dauphin, installée quai Jean-Bart.

Encore une famille bien nantaise, connue dans la robe et le monde parlementaire dès le XVIIIe siècle, celle des Varsavaux. Celui que l'on nommait Varsavaux « père » exerçait le notariat, place l'Egalité, depuis 1785. En 1793, il succédait à Benoist, qui succédait lui-même à Thomas. Un autre Varsavaux, qui commençait ou recommençait à s'appeler Varsavaux de Henlée, était notaire en charge sous la Restauration; il avait repris l'étude de Moricet, déjà rencontrée sur notre chemin et passée depuis entre les mains de Sauvaget.

Freulet, le notaire qui demeurait rue Sueur (ex-rue Ste-Croix), était-il parent d'un assesseur de juge de paix portant le même nom? La chose n'est pas autrement intéressante; mais, là encore, de petites particularités sont à signaler. Deux études de notaire, situées en cette même rue Sueur (c'est Le Sueur, sans doute, que la municipalité du temps a voulu dire) se sont fondues en une. D'un côté, c'est l'étude Freulet avec des prédécesseurs qui s'appellent Fresnel aîné qu'il ne faut pas confondre avec le beau-père de Bertrand, et Gorgette (plusieurs porteurs du nom de Gorgette sont signalés dans la *Bio-bibliographie bretonne*). De l'autre côté, c'est l'ancienne étude Allin de la Brière, devenue celle de Gourraud. La respectable liste des prédécesseurs dont pouvait s'enorgueillir, en 1820, le notaire Chaillou fils, s'alimentait donc des titulaires de deux charges autrefois voisines, réunies place de la Bourse.

Avec Chesnard et Girard-Canterie, qui figurent sur une liste de souscription patriotique de 1788, nous épuisons la liste des notaires de Nantes en 1792-1793. Fidèles à leur poste pendant la tourmente révolutionnaire, ils perpétuaient une tradition d'honnête et modeste labeur qu'ils ont transmise à leurs descendants, souvent de leur rang, toujours de leur race.

LES MÉDECINS

Université.

Boileau, dans le *Repas ridicule*, montre un Recteur d'Université marchant à pas comptés, suivi des Quatre Facultés. Il y avait encore, en 1792, une Université à Nantes et nous venons de voir qu'une des Quatre Facultés, celle du droit ou de la jurisprudence, n'y était pas mal représentée. Hygie, déesse de la Santé, suivait de près Thémis, ou Esculape Cujas, comme on voudra, et les princes de la science nantaise tenaient beaucoup à leur titre de docteur régent. Pourquoi cinq des plus qualifiés se proclamaient-ils avant tout *médecins ?* C'est qu'ils avaient leurs chaires à l'Université et que, spécialistes avant la lettre, ils traitaient devant leurs élèves ou le public, de tel point de doctrine, de telle partie de la science ou de telle maladie dont ils avaient fait l'objet de leurs études.

Les médecins.

Ainsi, Arnoult était « médecin pour la prat'que clinique ». Lemerle, qui avait navigué, se mettait à la portée des matelots français et étrangers du port de Nantes pour les maladies des gens de mer. Monlien enseignait la Sméiotique, mot bizarre, chose mystérieuse, que nous ne trouverez ni désignés, ni expliqués dans aucun dictionnaire; il s'agissait — le grand S en fait foi — du système d'un praticien, alors célèbre, aujourd'hui méconnu, du nom de Smet. On lui avait fait l'honneur, que n'eurent ni Broussais, ni Velpeau, ni même Ricord, de forger un néologisme avec son nom. Le Meignen avait une chaire de botanique; c'était le Linnée ou plutôt l'Ecorchard de son temps. La physiologie était la spécialité de Gesbert; je note, en passant, que ce mot, au XVIIIe siècle, est toujours écrit sans *y* à la première syllabe; les promoteurs de la réforme orthographique pourraient invoquer ce précédent qui dénote, d'ailleurs, une parfaite ignorance de l'étymologie grecque.

Les docteurs « régents », au nombre de 18, comprenaient les cinq « médecins » déjà nommés. Ils avaient pris leurs incriptions — leurs grades, comme on disait alors — à l'Université de Nantes. Nous en avons la preuve dans la thèse de Gesbert de Boisfontaine, que j'ai eu la bonne fortune de retrouver. Elle est imprimée à Nantes chez la veuve Querro, mais ne porte, malheureusement, au titre qu'un fleuron assez ordinaire, au lieu de la *belle image* qui faisait, aux yeux de la Toinette du *Malade Imaginaire*, le seul mérite de celle de Diafoirus. Le jeune candidat — c'est Gesbert que je veux dire — soutenait, en 1788, devant un jury présidé par Me Jacques Bodin-Desplantes, la thèse suivante, qui fait encore souvenir de Molière : *An bilis natura et usus definiri possunt?* Est-ce qu'on peut définir la nature et l'usage de la bile? Gesbert n'échauffa pas la bile de ses examinateurs; il fut reçu avec éloges et, dès l'année suivante, se parant de son titre de docteur en médecine, il engageait contre l'apothicaire Hectot, de l'Hôtel-Dieu, une polémique dont les pièces subsistent à la Bibliothèque de Nantes. En 1820, on retrouve un Hectot, pharmacien sur la Fosse, directeur du Jardin des Plantes, rue des Ursulines. Ce doit être le même.

La thèse de Gesbert atteste que Jacques Bodin-Desplantes était un docteur de marque, puisqu'en 1788 il présidait un jury d'examen. Il était sous-maire pendant la première mairie de Giraud-Duplessis; il signait, en cette qualité et toujours pendant l'année 1788, les *vœux du Conseil communal* animés du plus intelligent libéralisme. On le retrouve encore au nombre des promoteurs de la grande fête patriotique qui réunit les membres de la noblesse à ceux du Tiers-État nantais. J'aime à saluer en lui l'aïeul du sympathique collaborateur de l'*Espérance du peuple*, sous la direction Emerand de la Rochette. Ce journaliste sans fiel, qui répondait, comme son grand-père, au prénom de Jacques, n'avait que des amis dans les partis les plus opposés.

Revenons à nos médecins, ou plutôt à nos « docteurs

régents », avec le regret de ne rien savoir de précis sur le clinicien Arnoult, sur Lemerle, qui soignait les gens de mer, sur Monlien, qui s'intitulait assez pompeusement : « de la Société de Médecine de Paris, de plusieurs autres Académies, ancien médecin des Hôpitaux de la Marine et de l'Hôtel-Dieu de Rennes. » Se parer de tout cela et enseigner la « Sméiotique » donne à Monlien un brevet d'originalité, mais ne le représente pas précisément sous des couleurs modestes.

Le Meignen, qui habitait rue Crébillon, n° 4, n'était autre que le grand-père de l'avocat Henri Le Meignen, fondateur et Président de la Société des Bibliophiles bretons, mort il y a quelques années. J'ai gardé très bon souvenir de ce bibliophile fervent, doublé d'un littérateur, ami intime de Perthuis, et qui fut frappé, en ses dernières années, de malheurs immérités. A la Société Archéologique, qu'il présida, deux fois, avec distinction, à la Société Académique, il retrouvait les traces de son père. Il avait hérité de son grand-père le médecin, le professeur de botanique, un goût très vif pour les fleurs, qu'il alliait à celui des livres. Les jardins qui entouraient sa propriété de La Classerie, près Rezé, les serres où il cultivait des plantes rares, lui étaient aussi chers que sa bibliothèque. Il dut abandonner tout cela pour venir vivre tristement à Paris, de son métier d'avocat. La mort a été une délivrance pour celui qui aimait tant la vie et qui savait l'aimer.

Plusieurs de ces « docteurs régents » n'étaient pas, comme disait Henri IV, parlant des ducs de Bretagne, de petits compagnons. Richard Duplessis se disait avec fierté, comme son collègue Monlien, « membre de la Société de Médecine de Paris ». Mollet de la Barre, après s'être fait recevoir à Nantes et tout en continuant à figurer sur la liste des docteurs régents, s'en était allé exercer à Paris, où le champ était plus vaste. Laënnec, qui, comme Bodin-Desplantes, avait touché à la politique sous la mairie Giraud-Duplessis, reprenait avec orgueil son titre d'ancien médecin des hôpitaux de la marine, et, dans son cabinet de la place du Bouffay, faisait l'éducation de son fils, qui allait devenir l'illustre inventeur de l'auscultation. Sur cette trame un peu grise d'honnêtes praticiens de province, ressortaient déjà, par leur activité impatiente et leurs tendances ultra-libérales, Blin et Duboueix. François Blin, après avoir eu sous le proconsulat de Carrier un rôle effacé et s'être confiné dans l'exercice, de sa profession, prit tout à coup une part importante aux événements. Ce fut son ami Bureau de la Bâtardière, « personnage assez frivole », disent les contemporains, et ayant pris pied dans le camp royaliste, qui le décida, on ne sait pourquoi, à sortir de sa retraite de la rue Contrescarpe et à se lancer dans le mouvement politique. Avant la conclusion du traité de la Jaunais, Blin s'employa, de concert avec Bureau, à ouvrir les négociations entre le représentant Ruelle et le général Charette. Toujours avec Bureau, il partit pour Paris, investi d'un mandat officiel des Représentants du peuple; il allait faire hommage à la Convention des drapeaux des pacifiés. Le *Journal de la Correspondance de Nantes* rend sèchement compte de ce voyage, sur lequel on voudrait avoir les impressions de Blin lui-même. Je suppose qu'il fut désabusé des grandeurs et reprit paisiblement ses fonctions médicales. Je retrouve sa trace quai de la Fosse, 20, en 1820.

Michel Duboueix était plus remuant; il ne lui a manqué qu'une vaste scène pour devenir un personnage de premier plan. Il était de Clisson où, d'après les *Etrennes*, il résidait encore en 1793. Mais, tout médecin de petite ville qu'il était, il avait réussi, une fois ses études classiques terminées au Collège de l'Oratoire de Nantes et son diplôme conquis devant la Faculté de Paris, à se faire une réputation et un nom. Auteur de *Recherches sur la rage* (qui eût supposé en lui un précurseur de Pasteur ?) et d'une *Topographie médicale de Clisson*, couronnées par la Société royale de Médecine en 1784, il obtint le titre de médecin (honoraire) de Monsieur, frère du Roi. La politique le tenta dès les premiers troubles révolutionnaires; il fut élu, en 1790, *membre du département de la Loire-Inférieure* pour le district de Clisson. Dans l'assemblée électorale du district qu'il présidait, il prononça un discours qui est du mauvais Diderot ou du Raynal tout pur sur « l'affreux despostime, les satrapes oppresseurs, la superstition imbécile ». L'année suivante, devenu maire de Clisson et trésorier du district, il était élu second député suppléant de la Loire-Inférieure à l'Assemblée Législative. Il n'eut pas l'occasion de siéger à l'Assemblée et vint exercer la médecine à Nantes, au cours de l'année 1793. Mal lui en prit, car il succomba, au mois de décembre, à l'épidémie causée par l'entassement des malades dans les prisons de la ville. Dans les *Annales de la Société Académique de la Loire-Inférieure*, Dugast-Matifeux a consacré une notice à ce singulier Duboueix, type de médecin politicien, et qui méritait mieux que la mention erronée du *Dictionnaire des parlementaires français*, où on l'affuble du titre imaginaire de « comte du Pinieux. »

Officiers de santé.

Les officiers de santé du collège de la ville de Nantes (je n'ai garde de rien omettre de ce qui concerne leurs qualités) formaient un corps sérieux. L'anatomie, malgré Vésale et ce professeur Tulp que Rembrandt a immortalisé dans un tableau célèbre, n'était pas encore, ainsi que la chirurgie, sa sœur, placée au premier rang des sciences médicales. On opérait assez rarement, on disséquait peu au XVIIe siècle et au XVIIIe siècle; de là, bien des erreurs et beaucoup de blessés, de malades condamnés à une mort certaine. A Nantes, comme ailleurs, les élèves de chirurgie et d'anatomie devenaient officiers de santé, — médecins, docteurs régents, jamais. — Leurs écoles ne se tenaient pas à l'Université, mais dans un local assez sombre de la rue Follard (rue Saint-Léonard), très probablement celui que les chevaliers du Papegaut avaient abandonné pour la Motte-Saint-André et qui devint l'ancien muséum d'histoire naturelle. Ces officiers de santé, que leurs collègues les docteurs auraient eu tort de dédaigner, avaient leurs professeurs recrutés dans leur docte compagnie. C'étaient — pour l'anatomie, Bisson, de la famille de l'héroïque enseigne de vaisseau lorientais; — pour les opérations, Cantin, dont le nom figure au bas de quelques actes de la municipalité antérieurs à 1789 ; — pour « les principes de l'art de guérir », ce que nous appelons la thérapeutique, Fabré, qui devint conseiller municipal de 1803 à 1813 ; — pour la pathologie et la matière médicale, Darbefeuille, le chirurgien de l'hospice des Enfants Trouvés, devenu sous la Restauration chirurgien en chef de l'Hôtel-Dieu ; — pour les accouchements, Etienvrin, « démonstrateur » habile, dont la Bibliothèque de Nantes conserve, manuscrit, un traité d'*angiologie*; — pour l'ostéologie et les maladies des os, Godebert, un des signataires de la requête du Tiers-État et de la souscription patriotique de 1788, officier municipal en 1791 et 1792. Etienvrin et Godebert, praticiens éminents, étaient encore « professeurs, d'accouchements en faveur des sages-femmes »; ils se relayaient: l'un faisait son cours pendant le semestre de juillet; l'autre pendant celui de janvier. Le dénombrement des trente officiers de santé, en dehors des professeurs, serait fastidieux et sans intérêt. Je note seulement un Perthuis, quai Tourville, qui me rappelle mon vieil ami; un Suc, parent sans doute du sculpteur en renom à Nantes vers 1848; un Ulliac « membre du collège de Rennes, aggréé (*sic*) à celui de Nantes », qui porte un nom illustré par Mlle Ulliac-Trémadeure, d'origine bretonne, auteur d'ouvrages pour la jeunesse. A la suite des noms d'Herbron, rue Juiverie, et de Thomas, qui, par une singulière rencontre, habite rue Thomas, dans le quartier de la Fosse, je lis la mention : « pour les rapports ». Le sens de cette expression est donné tout au long dans le *Dictionnaire de Trévoux*, édité en 1752, au tome VI, page 625 : « On appelle *rapport*, en médecine et en chirurgie, le jugement que des gens nommés d'office, ou par convention, portent sur l'état d'un malade, d'un blessé, d'une femme grosse, d'une fille violée, d'un cadavre, pour instruire les juges de la qualité et du danger de la maladie ou des blessures, de leurs causes, ou du temps qu'il faut pour les guérir, de la certitude d'une grossesse ou d'un viol, et de la véritable cause de la mort d'un homme. — *Rapport dénonciatif*. C'est un rapport fait à la réquisition des parties intéressées, qui peuvent choisir pour faire la visite tels médecins, chirurgiens et matrones qu'il leur plaît. » Herbron et Thomas remplissaient donc les fonctions de médecin légiste et de médecin expert. Autre remarque : plusieurs des officiers de santé, chirurgiens, ne résident pas à Nantes. Le doyen Gillet est à Paris; j'ai fait des recherches longtemps infructueuses sur ce personnage qui avait en Bretagne, à Nantes même, de nombreux homonymes, et j'ai fini par découvrir qu'un G. Gillet, chirurgien à Nantes, qui doit bien être le nôtre, avait publié à Paris, chez Butard, en 1770, des *Observations tendant à prouver que les fièvres ne sont pas des maladies*. Je flaire en ce nomade doyen un devancier des théories microbiennes.

Un second chirurgien, Bournave, était à Cordemais; un troisième, Besson, « à l'Amérique », comme imprimaient les *Etrennes* en leur style suranné; un quatrième, Danilo, avait préféré les hasards et les dangers de la vie militaire à la paisible existence provinciale : il était à l'armée du midi. Comme il n'y a qu'une initiale « armée du m. », j'avais cru d'abord qu'il s'agissait de l'armée de Mayence; mais celle-ci, qui laissa en Vendée d'assez terribles souvenirs, ne fut formée qu'en juillet 1793. Danilo exerçait encore sous la Restauration, et demeurait rue de La Peyrouse, n° 3.

Je note que les chirurgiens de l'Hôtel-Dieu et du Sanitat : Bacqua, Defray, Gautier, ne paraissaient pas dans le modeste amphithéâtre de la rue Folard.

Dentistes.

Les dentistes viennent après les chirurgiens ; aussi bien prennent-ils déjà le titre de « chirurgiens dentistes ». Ils sont aujourd'hui douze à Nantes même; ils n'étaient alors que trois et habitaient, tous les trois, rue Fosse. Cagnat ne porte un nom ni nantais, ni breton ; Boissy de Beausoleil, avec une si belle façade, devait être le dentiste de l'aristocratie et du beau monde. Le troisième, Marcantiny, annonce qu'il est Italien; on s'en doutait un peu et aussi que ses compatriotes et confrères arrachaient des dents sur le Pont-Neuf ou sur la place du Bon-Pasteur. Par le temps qui court, les dentistes italiens ne font plus florès. C'est d'au delà des mers, de l'Amérique, que nous viennent les mécaniciens les plus experts. Notons que Marcantiny était chirurgien-major de la Garde Nationale, en 1791.

Apothicaires.

Les apothicaires, tués par le progrès, ont disparu sous leur forme primitive. M. Purgon et M. Fleurant ne vivent plus que dans Molière avec les matassins de *Pourceaugnac*. Mais les apothicaires de 1792 n'étaient autres que des pharmaciens et l'on aurait beaucoup froissé MM. Lafiton, Louvrier, Cigogne ou Dupré de la Boulais, en les invitant à administrer le petit remède qui donnait à nos aïeux un teint toujours fleuri. Est-ce leur ancienne profession qui leur a laissé des noms lénitifs ou harmonieux? Celui de Benoît n'est que gracieux, mais celui de Haubois est tout à fait musical. L'un d'eux trahit une origine nantaise. Les autres, La Fargue, Garros, Trahan, m'ont l'air d'arriver du Midi en droite ligne, mais l'un d'eux a fait souche nantaise.

La Bibliothèque

La disposition des *Etrennes* fait succéder aux apothicaires la Bibliothèque publique. Cette Bibliothèque, assez modeste alors, qui ne s'était pas enrichie des précieux fonds Labouchère et Lajariette, était située Maison du Collège, vis-à-vis le cours Liberté, ex-cours Saint-Pierre. Elle avait pour bibliothécaire un nommé

Londiveau, prédécesseur inconnu des Guillet, des Peccot, des Péhant et des Rousse. Elle était ouverte les lundis, mercredis et vendredis, de 2 heures à 5 heures en hiver ; de 2 heures à 6 heures en été. Une petite note, que le rédacteur des *Etrennes* place à la suite, me charme : « Lorsque le jour de l'ouverture tombera un jour de fête, la bibliothèque sera ouverte le lendemain ». L'Administration et le bibliothécaire donnaient là, sous une forme naïve, un bel exemple de conscience ; ils seraient peut-être moins scrupuleux aujourd'hui. Seulement, les bibliothèques sont ouvertes tous les jours, excepté le dimanche.

LES ÉCOLES

L'Oratoire.

Place au Collège de l'Oratoire où débuta le général Mellinet ! Il a précédé celui que nous avons connu et qui a disparu lui-même, sous son vieil aspect de cloître et de prison, devant une bâtisse neuve, sans défauts mais sans souvenirs ! On pourrait dire de l'ancien collège, celui de l'Oratoire, que ses ruines mêmes ont péri si la façade de la chapelle, rehaussée, dans son style Louis XIII, par l'élégant perron qui y donne accès, et la chapelle elle-même n'avaient été conservées pour loger d'abord les collections du musée archéologique, et, actuellement, une partie des Archives départementales. Les bâtiments du collège s'étendaient de chaque côté de la chapelle et en bordure de la rue du Lycée actuelle ; ils étaient insuffisants pour le nombre croissant des élèves ; ils ont été démolis à l'époque où, en exécution du décret impérial, qui décidait la création d'un lycée, on désaffecta le couvent des Ursulines, abandonné, par les religieuses, depuis la Révolution.

Le collège de l'Oratoire était municipal, en réalité ; son titre de « collège royal » était fictif, puisque l'ingérence de l'État dans l'enseignement public, substituant aux universités autorisées l'Université officielle, est une des créations du système napoléonien. Pour Nantes, j'ai retrouvé un document probant, dont la date concorde presque avec l'apparition des *Etrennes* de 1793. C'est une affiche sur la rentrée du collège, datée du 24 octobre 1792, signée : Giraud-Dúplessis, maire; J.-M. Dorvo, procureur de la Commune; L. Ménard, commis-greffier. Le maire étend sa sollicitude éclairée sur les élèves du collège; c'est lui qui règle les heures des cours; il termine sa circulaire par quelques phrases éloquentes et bien senties, où perce, sous les réticences d'usage, un ton d'autorité : « Puissent les élèves se persuader que, si les lumières ont fait naître parmi nous le règne de la Liberté, elles seules en assureront la durée, et, que, pour être un jour des hommes utiles et des citoyens éclairés, ils doivent acquérir des connaissances solides, applicables aux différentes fonctions de la Société ! »

Voilà un langage péremptoire; pour bien comprendre les derniers mots « connaissances solides applicables aux différentes fonctions de la société », il faut se rappeler qu'une véritable réforme scolaire, restreignant sans le supprimer, l'enseignement de la langue latine, des humanités, comme on disait déjà, venait d'avoir lieu au collège de Nantes. Dans un avis officieux et que l'on devine dicté par le principal, Fouché, les *Etrennes* exposent ainsi cette réforme : « Les instituteurs du collège ont adopté le mode d'instruction que sollicitaient les circonstances et le vœu des citoyens. L'enseignement public est divisé en différents cours. Les élèves qui ne se distinguent pas à l'étude de la langue latine peuvent ne s'appliquer qu'aux sciences analogues à leurs dispositions et qui leur sont indiquées par le choix de leurs parents. »

Du premier coup, les « instituteurs » attaquaient le vif de la question. A l'enseignement latin des Oratoriens, qui venaient d'être expulsés de leur collège, ils faisaient succéder une sorte d'enseignement mixte; ils allaient même jusqu'à rendre le latin facultatif : ce n'était plus une réforme, c'était une révolution.

La circulaire du maire Giraud-Duplessis accentuait cette séparation des belles lettres et de la science, du latin et du français. Cours du matin, à 8 h. 1/2 : premier et second cours de langue française, cours de littérature, cours de géographie, premier, second et troisième cours de mathématiques. — Cours du soir, à 2 heures : cours d'histoire naturelle, premier, second et troisième cours de langue latine, cours d'éloquence, cours de logique et de morale, cours de physique, cours d'histoire.

Il n'est pas question de latin dans les cours du matin. Ces cours, d'après les explications complémentaires que donnent les *Etrennes*, comprennent la mythologie, les premiers éléments de la géographie, de l'histoire et de l'arithmétique.

Sauf la mythologie, concession au goût d'une époque qui faisait ses délices des *Lettres à Emilie*, de Dumoustier, ce programme pourrait être celui des petites classes d'à présent. Il chassait de l'enseignement ces manuels qui firent de nouveau leur apparition à l'organisation de l'Université impériale et sur lesquels pâlissaient de notre temps les écoliers de huitième et de septième : l'*Epitome historiæ sacræ*, abrégé d'histoire sainte; l'*Epitome historiœ grœcœ*, abrégé d'histoire grecque. Les Oratoriens avaient emporté dans les plis de leurs robes le latin des commençants; la langue de Virgile et de Cicéron était réservée à leurs aînés. On ne devait l'enseigner qu'à partir de la classe de sixième, peut-être même de cinquième.

L'oratorien Fouché.

Je ne crois pas m'être trompé en laissant l'honneur, ou le privilège, d'une réforme aussi radicale au Principal du collège, ce Joseph Fouché de Rouzerolles, plus tard duc d'Otrante et ministre de la police, fils d'un capitaine de navire du Pellerin. Fouché connaissait bien l'Oratoire de Nantes; il y avait été élève avant d'entrer au

Séminaire de l'Oratoire de Paris, avant de devenir professeur semi-laïque, portant le costume ecclésiastique des collèges de Niort, de Saumur, de Vendôme, de Juilly, d'Arras. Il était revenu à Nantes en 1790, en qualité de professeur de physique (ce qui explique l'importance attachée dans le programme à cette faculté naissante). Son rôle considérable au Club des Amis de la Constitution, dont il était devenu président, lui avait valu aussitôt après la dispersion des Oratoriens, sa nomination, par la municipalité, de Principal au collège. Son mariage avec Bonne-Jeanne Coiquaud (16 septembre 1792), son élection de député de la Loire-Inférieure à la Convention, semblaient n'être que des accidents dans la vie extraordinairement agitée qu'il menait dès lors. Les *Archives curieuses de Nantes*, de Verger, analysent son *Règlement pour le collège de Nantes, soumis au Directoire du district*; l'esprit même de ce règlement, sa tendance à faire prédominer l'enseignement scientifique sur l'enseignement littéraire (qui semblait, à ce défroqué, animé du fanatisme religieux) se retrouvent dans la circulaire du maire Giraud-Duplessis. Il n'y a d'ailleurs qu'à rapprocher les dates. Quelques jours avant la distribution des prix du collège (30 août 1792), où Henri Giraud, probablement un parent du maire, obtint le prix d'honneur de « philosophie, mœurs et talent » (*sic*), où Pierre Lacointrée, en rhétorique ; René Douillard et Lelasseur, en troisième ; Laurent Baudry, en quatrième, sont d'autres lauréats, Fouché a présenté au Directoire du district son *Règlement* élaboré depuis le mois de mars. La circulaire municipale est du mois de septembre suivant.

Les professeurs.

Près de Fouché, qui allait voter à la Convention la mort de Louis XVI et faire envoyer Carrier à Nantes, gravitant pour ainsi dire dans son orbite, étaient les « instituteurs publics » ou, plus simplement, les professeurs du collège, tous laïques ou ayant, comme leur patron, jeté le froc aux orties. L'ordre dans lequel les énumèrent les *Etrennes* prouve la défaveur dont le latin était l'objet. Tout de suite après l'obscur Noyer, « suppléant principal », un homme de paille de Fouché, ce sont les professeurs des trois cours de mathématiques, Deperet, Petit et Faye, qui tiennent le haut du pavé. Deperet enseigne aussi la physique, Petit, la logique, Faye, l'histoire naturelle. Le premier, qui a prêté le serment constitutionnel en 1791 et fait partie de la Société ou Club des Amis de la Constitution, cette pépinière de futurs jacobins, a laissé un cours de morale, conservé manuscrit à la Bibliothèque et qui témoigne de ses aptitudes variées. Je ne sais rien du second dont les homonymes sont très nombreux. Mais Faye était notable de la municipalité de la Terreur en 1793-1794, sous le maire Renard, et cela nous éclaire sur ses opinions.

Rien de précis ne signale à l'attention Lachaud, professeur de littérature et d'éloquence, ni les trois professeurs de langue latine. Deux d'entre eux, Biscarra, d'origine étrangère sans doute, et Ruelles, cumulaient l'enseignement du latin et celui du français. Le troisième, Deleau, apprenait aussi cette mythologie, si aimée autrefois, si délaissée aujourd'hui. Un suppléant, nommé Brayer, devait se tenir prêt à remplacer tout professeur empêché.

Le doyen du collège, nommé Giraud, professeur de géographie et d'histoire (ces deux facultés se sont trouvées presque de tout temps réunies dans la même main ou dans la même chaire), était un ancien oratorien, à qui son âge et son mérite avaient valu d'être maintenu dans ses fonctions. M. René de Kerviler l'a identifié avec un bibliothécaire de la ville en 1765. Il devait donc être vieux déjà, quand il était professeur de seconde au collège de l'Oratoire en 1790 et, trois ans après, quand il y enseignait la géographie et l'histoire. Mais je retrouve sa trace encore plus tard; en l'an IV, m'apprend la brochure de M. Ricordel sur l'*Enseignement secondaire dans la Loire-Inférieure*, il devint « professeur pour les lettres » à l'Ecole Centrale du département. En admettant qu'il ait été chargé, très jeune, de la conservation de la Bibliothèque publique, ce Nestor du professorat nantais était certainement septuagénaire quand on lui confia une chaire de littérature. Et cela ne laisse pas que de surprendre à une époque où les hommes dévoraient la vie.

Voilà tout ce j'ai pu recueillir sur l'ancien collège de Nantes en 1792. La moisson n'est pas abondante. Le *Livre d'or du Lycée de Nantes*, qui va paraître prochainement, nous en apprendra davantage.

École d'hydrographie.

La Révolution avait introduit dans l'enseignement le principe de la gratuité. Préoccupée de fournir au pays une armée et une marine nationales, elle ne négligea rien pour assurer le recrutement des officiers. La loi du 10 août 1791 créa dans les ports de mer et dans les grandes villes de commerce maritime des écoles gratuites et publiques de mathématiques et d'hydrographie; les élèves y recevaient une instruction pratique de nature à les rendre aptes « au service des vaisseaux de l'Etat. »

Professeurs nationaux.

Le ministre de la Marine et des Colonies, Monge, estima qu'une telle organisation relevait de son département. Dans chacune des douze villes désignées (la Bretagne, avec Nantes, Lorient, Brest, Saint-Malo, entrait pour un tiers dans ce total), il délégua des professeurs nationaux avec les pouvoirs les plus étendus, C'est ainsi que le citoyen Rollin, de l'Académie de Marine, ancien professeur de mathématiques et de physique de la marine militaire, fut envoyé à Nantes pour y remplir la place de professeur national de mathématiques et d'hydrographie. Ce Rollin, d'origine méridionale, s'appelait Rollin de la Farge; il avait retranché sa particule pour ne pas ressembler à un ci-devant, quitte à la reprendre plus tard.

Il s'installa place Graslin, maison Vilmain, et donna ses cours — tint ses séances, comme on disait alors — tous les jours de la semaine, depuis neuf heures du matin jusqu'à deux heures. Le programme obligatoire comprenait les trois volumes d'arithmétique, de géométrie et de navigation de Bezout, le plus célèbre mathématicien de son temps, et la *Statique* de Monge lui-même, l'illustre savant qui allait fonder l'École Polytechnique.

Rollin était sans doute un professeur habile. Ses cours furent très suivis. Il prépara bon nombre de candidats, de « prétendants » (mot de l'époque) aux places d'*enseignes entretenus*, d'aspirants de la marine, de seconds lieutenants d'artillerie de la marine. Toutes ces places étaient données au concours, devant un jury d'examen qui allait de ville en ville, pendant les mois de février, mars, avril, mai, et se réunissait à Nantes le 6 avril. En 1793, il n'y avait de disponibles que dix places d'enseignes entretenus à Toulon, dix à Rochefort, vingt à Brest, trois places de seconds lieutenants d'artillerie de la marine à Toulon, deux à Rochefort, cinq à Brest. Beaucoup d'appelés, peu d'élus. J'aimerais à savoir le nombre et les noms des élèves que Rollin fit recevoir. Toujours est-il qu'il se plut à Nantes, qu'il y prit plus tard le titre de professeur aux écoles de la marine et qu'il fut élu député de la Loire-Inférieure en l'an VI. Les professeurs piqués de la tarentule politique étaient nombreux; n'avaient-ils pas sous les yeux l'exemple de Fouché ?

Académie de peinture.

L'Académie nationale de dessin et de peinture installée place Buffon (place Bretagne), n° 11, avait des cours payants et des cours gratuits. Le professeur Hussard, avec lequel je n'ai pas fait plus ample connaissance, donnait à son établissement le titre d'*Académie Nationale*. Il tenait sa classe payante tous les jours, de 9 heures du matin à midi; sa classe gratuite, pour les garçons, les lundis, mardis, jeudis et samedis, de 9 heures à 11 heures;

pour les filles, de 11 heures à 1 heure. Les élèves payants et les autres étaient-ils confondus ? C'est peu probable ; le professeur les tenait, sans doute, dans deux salles distinctes, qu'il inspectait à tour de rôle. Mais il est permis de croire qu'il réservait ses attentions à ceux ou celles qui lui rapportaient un profit et que le mot « gratuit » était une étiquette, une façon de se recommander aux pouvoirs publics. A la fin de l'article qui le concerne dans les *Etrennes*, Hussard fait insérer l'avis suivant : « Il y aura étude et leçon d'après la bosse et d'après nature, à la lampe, tous les jours, depuis 5 h. du soir jusqu'à 7, du 1er décembre au 1er avril. » L'importance des cours de dessin était déjà réelle à Nantes, dans une ville qui produisait des artistes. Ne voyons-nous pas les sculpteurs Robinot-Bertrand et Lamarie rehausser un peu le niveau intellectuel de la municipalité Renard ? Hussard tenait toujours son Académie en 1810. Il enseignait encore le portrait sous Louis XVIII, rue Franklin.

Autres académies.

Tout était d'ailleurs Académie dans l'enseignement d'avant et pendant la Révolution. L'Académie polysophique du sieur Trioche, avec son qualificatif prétentieux, qui aspirait, d'après l'étymologie grecque, à l'universalité des connaissances, s'appellerait simplement « Ecole » aujourd'hui. C'était un externat *select*, à l'usage des enfants riches, des fils de gros négociants ou de notables commerçants, situé presque dans le quartier aristocratique, rue Bossuet (ancienne rue de Briord), dans l'hôtel Becdelièvre, voisin de cet hôtel de Briord où Anne de Bretagne avait eu jadis sa petite cour de lettrés et d'artistes. Le prix de la pension de « l'abonnement annuel » était élevé pour le temps : 200 livres, et point du tout à la portée de toutes les bourses. On pouvait, il est vrai, prendre des inscriptions par mois, en payant 15 livres par séance pour deux cours que l'on choisissait. Les abonnés au mois n'avaient droit qu'à deux cours sur trois, au choix ; les abonnés à l'année pour un prix équivalent, suivaient les cours au complet.

Voulez-vous connaître maintenant le programme de ces trois séances quotidiennes? La première, depuis 9 heures jusqu'à 11 heures, comprenait les cours de mathématiques, de violon, d'armes, de chant et de clarinette. La seconde, de 11 heures à 1 heure, mariait aussi l'utile à l'agréable; elle était composée des cours d'écriture, d'anglais, de danse et de flûte. A la troisième séance, de 3 heures à 5 heures, on travaillait plus sérieusement et sans mélange; on suivait les cours de français, de latin, de littérature, de géographie, d'histoire et de dessin. Quel assemblage et quelle variété! L'*Académie polysophique* ne mentait pas à son titre. Le directeur, Trioche, semble, au surplus, avoir été capable de toutes les activités. Nous l'avons rencontré à la Garde Nationale et au Tribunal du District comme juge suppléant. A son Académie il est vraiment polysophe, j'allais écrire polymorphe ; il cumule même les attributions que raille Figaro, il est calculateur, il est danseur. Plaisanterie à part, Trioche devait être un maître homme ; s'il prenait cher pour ses « séances », c'est qu'en payant largement de sa personne, il avait chez lui, tant pour les sciences que pour les arts d'agrément, les meilleurs professeurs de la ville. Il avait le secret de faire succéder le solo de flûte au théorème, les jambages aux parades, les entrechats aux déclinaisons. On voudrait posséder les cahiers d'une ancienne élève de l'Académie Polysophique — car, sous les auspices de Terpsichore, les deux sexes devaient fraterniser, comme chez Hussard. Dans les *Annales de la Société Académique de Nantes*, de 1907, M. Libaudière a publié une étude intéressante, intitulée : *L'Enseignement classique à Nantes pendant la Révolution et jusqu'à l'ouverture du Lycée en 1808* ; il y consacre quatre pages à l'Académie Polysophique, fondée en 1790; il n'a retrouvé aucun document sur elle et croit que son existence fut éphémère.

L'escrime.

Une académie de plus, cela ne comptait pas en l'an de grâce 1793. Rien de surprenant à ce qu'il y eût à Nantes une *Académie pour les armes*. Moreau de Grandmaison la tenait, maison Sagori, rue Fosse ; elle était ouverte depuis 7 heures du matin jusqu'à midi, et de 2 heures à 7 heures du soir. Les friands de la lame pouvaient s'en donner à cœur joie. Ils avaient même la ressource d'aller chez le concurrent de Coursin, rue Bossuet, qui tenait aussi une Académie, et qui l'ouvrait toute la journée sans interruption, de 7 heures du matin à 8 heures du soir. On ferraillait encore à l'autre bout de la ville, chez Rozière, maître d'armes, qui avait sa salle place Buffon, n° 7, et la tenait ouverte de 8 heures du matin à 8 heures du soir. Rozière, avec sa simple salle, ne pouvait se plaindre, comme ses confrères les académiciens, que sa grandeur l'attachât au rivage; il se déplaçait, donnant, selon la petite note insérée aux *Etrennes*, « des leçons dans les maisons où il était demandé ».

L'ampleur et la précision de ces indications prouvent que l'art de l'escrime était très en faveur à Nantes quand la Révolution éclata. C'était un héritage de l'ancien régime ; toute éducation de jeune noble et même de jeune bourgeois se complétait par une science approfondie du noble métier des armes. Ceux qui ne portaient pas l'épée avaient à cœur de prouver qu'ils étaient dignes de la porter. Le nouvel état de choses relégua l'escrime au rang des inutilités élégantes; on fit l'exercice au lieu de faire des armes, et le sabre remplaça l'épée. Les *Etrennes Nantaises* cessèrent de paraître plusieurs années; quand elles reparurent sous le Consulat, les « Académies » d'armes, les vulgaires salles d'armes, n'y figuraient plus, la grande guerre avait absordé la petite, ceci avait tué cela. Même remarque sous l'Empire. Il fallut le retour des Bourbons et les duels entre mousquetaires du Roi et officiers en demi-solde pour remettre l'escrime à la mode. Elle fleurit de nouveau, et plus que jamais. Ce fut le moment où un savant maître, Moreau, qui était très probablement le fils ou le neveu de Moreau de Grandmaison, (les atrocités de Carrier avaient rendu suspect le nom de Grandmaison, l'un de ses plus farouches complices), dédia à la jeunesse nantaise un excellent petit traité de l'art des armes, que Charles Mellinet, un tireur émérite, a réimprimé il y a quelques années. Les beaux jours de l'escrime à Nantes ont coïncidé avec cette période de dissipation et de luxe qui trouva son apogée au commencement du Second Empire. On m'assure qu'ils ne sont pas encore tout à fait évanouis.

L'INDUSTRIE

Les manufactures.

Nous passons des armes aux manufactures. Mars est un Dieu, Mercure en est un autre, et le commerce nantais, qui avait fait de la ville une des trois ou quatre plus riches du royaume, ne peut être traité en quantité négligeable. Deux Bourses avaient existé, l'une en 1640 et l'autre en 1723, dans la rue de la Fosse, je crois, quand, au commencement de 1792, Mathurin Crucy posa la première pierre de la Bourse actuelle, dont on peut voir sous verre les lavis à l'encre de Chine, aux Archives municipales, approuvé le 12 mai 1790.

Nantes avait, en 1792, une vingtaine de manufactures importantes. Avec les cordages, les coutils, les cotonnades, les couvertures, les indiennes, elle touchait à presque toutes les branches de ce qu'on appelle aujourd'hui les industries textiles; ses faïences, ses verreries, étaient justement estimées; elle fabriquait, depuis peu, les instruments aratoires, que les cultivateurs du pays avaient longtemps demandés aux villes voisines.

Un nommé Brée, sur lequel j'ai interrogé en vain la *Commune et la Milice de Nantes*, ouvrage prodigue de renseignements sur les négociants nantais, ainsi que les diverses Biographies, était propriétaire et directeur de la manufacture de cordages de Gigant; il demeurait rue du Bois-de- la-Touche, n° 7, où des traces de son habitation pourraient être relevées. Ce doit être le même que Brée de la Touche, qui, en 1789, offrit des boucles d'argent pour la souscription patriotique. (*Bull. de la Soc. Archéol. de Nantes*, x, 94.)

La manufacture de coutils et cotonnades, rue Rubins (*sic*), n° 38, dans le voisinage de la salle de spectacle, était dirigée par Dodin ou Dodun, qui, dans les *Etrennes du Commerce pour 1792*, est appelé Dodin de la Garenne et en qui je soupçonne un parent du bourguignon Dodun, directeur de la Compagnie des Indes à Lorient, au XVIIIe siècle, et un ancêtre des Dodun de Keroman actuels, qui prennent le titre de marquis ou de comte.

Les couvertures constituaient une des industries nantaises les plus prospères. Il n'y avait pas moins de quatre manufacturiers, et, sauf la veuve Dupouy, rue Démosthène (rue Saint-Clément), qui nous est inconnue, c'étaient de notables commerçants dont les descendants ont perpétué ou rehaussé la renommée : Langlois, rue Poisson (ex-rue Talensac), Lorieux, rue Bois-Tortu, n° 12, et Ogier, même rue. Il y a eu, ou il y a encore, des Lorieux ingénieurs, des Langlois industriels. Le seul représentant du nom d'Ogier que j'aie rencontré était un peintre de talent, fondateur de *Nantes-Lyrique* et, avec quelques artistes amis, du petit salon « L'Eclectique »; Charles Ogier est mort prématurément. Ses parents avaient tenu une teinturerie près de la place Royale.

Les ouvrages spéciaux sur la céramique, notamment ceux de Jacquemart, mentionnent, sans insister, entre les faïences de Quimper, de Rennes et du Croisic, la faïence de Nantes. Elle remontait à la fin du XVIIe siècle; ce furent probablement des ouvriers de Quimper qui s'établirent à Nantes, et l'un d'eux qui fonda la faïencerie de la chaussée de la Magdelaine, dont les produits n'étaient pas sans mérite. J'ai vu chez Fortuné Parenteau, grand collectionneur devant l'Eternel, un buste de Vierge qu'il n'hésitait pas à attribuer à la fabrication nantaise; c'était un ouvrage d'un goût exquis, d'une coloration fine et très artistiquement modelé. D'autres produits de même provenance ont été possédés ou décrits par M. Dobrée, par le baron de Wismes. J'ignore à quelle époque Rostaing de Rivas devint directeur de la manufacture nantaise. Il était de famille ancienne quoiqu'il signât son nom sans particule, en un seul mot. J'ai connu un de ses descendants, médecin; un autre, Olivier de Rostaing de Rivas, élève du Lycée de Nantes vers 1865, est devenu officier supérieur. La faïencerie de la chaussée de la Magdelaine existait encore en 1840, mais on n'y fabriquait plus que des objets vulgaires.

Tout près de la prairie de la Magdelaine, il y avait une manufacture de filature, garas (c'était une espèce de toile de coton), cotonnades, bazins, etc. La direction en était confiée à Dulau et Cie, et je note, en passant, une des premières « raisons sociales » établies à Nantes. Le quartier était déjà celui des grandes industries et n'a pas cessé de l'être. Pelloutier, Bourcard et Cie, avaient ouvert en Biesse une manufacture des mêmes produits. Pelloutier était le consul de Prusse; il demeurait, il avait son bureau consulaire île Feydeau, rue Monfort, 2, il n'avait pas à traverser la ville pour aller à sa manufacture. Son associé, Bourcard, originaire du Nord de l'Europe, où ses ancêtres continuaient de s'appeler Burkhardt, est l'aïeul de mon ami, l'iconophile et iconographe distingué, Gustave Bourcard.

Six manufactures d'indiennes témoignaient de l'importance que la fabrication de cette étoffe peinte et imprimée, transmise aux Européens par les Indiens, avait alors prise à Nantes. Pelloutier, Bourcard et Cie, décidément de très gros industriels, avaient une manufacture d'indiennes, distincte de leur filature, « sur les ponts, rue Beauséjour, n° 37 ». Presque à la même adresse, à un autre numéro de la rue Beauséjour, s'était établi Charles-Marie Forestier, lieutenant de la milice bourgeoise, membre du Comité permanent de la communauté de ville en 1789. Pierre Dubern ne venait que le second sur la liste des *Etrennes* ; mais, par sa notoriété et sa fortune, il semble bien avoir été le premier des manufacturiers d'indiennes. En 1788, il figurait pour sa souscription patriotique parmi les notabilités nantaises; la même année, il était l'un des douze députés de la ville chargés d'aller porter au Roi « le vœu d'un peuple plein d'amour et de vénération pour sa personne sacrée ». Il fit partie, en 1789, des membres du Tiers chargés d'élire les députés aux Etats-Généraux et du même Comité permanent que Forestier. On le nomma bientôt après officier municipal. Qu'il doive ou non être confondu avec le porte-drapeau des bataillons des Ponts dans la Garde Nationale de 1792, (et le voisinage de sa demeure ferait pencher pour l'affirmative), son rôle politique n'était pas terminé. Arrêté comme suspect, sur l'ordre de Carrier, à la fin de 1793, il fut l'un des 132 Nantais. Mais il ne fit que commencer le voyage; arrivé à Angers, on le mit en liberté, et le Comité révolutionnaire ordonna la mainlevée des scellés apposés sur ses papiers. Il reprit la direction de sa manufacture. J'ignore quand il mourut. Il a eu pour descendant un colonel, dont la fille épousa M. de la Gournerie.

Gorgerat frères et Cie, en Vertais, Orillard aîné et Cie, rue Caton (c'est la petite rue Dos-d'Ane, mais elle était plus longue qu'à présent, ayant un n° 40), n'ont point laissé de souvenirs. Il en est autrement de Petit-Pierre et Cie « en Vertais, n° 10 ». Ce manufacturier, d'origine bretonne, sinon nantaise, eut un fils qui avait ajouté à son nom celui de sa mère, Pellion, successeur de Bertrand-Geslin à la mairie de Nantes. Le nom de Petit-Pierre fut donné à une rue de la ville dans ce quartier de Vertais où la famille avait grandi. Mais il ne faudrait pas, comme on l'a cru, y voir le berceau de Favre. Le père du sénateur de l'Empire, d'origine suisse et protestante, avait épousé une demoiselle Petit-Pierre, nantaise; son mariage le fixa à

Nantes; il devint à son tour directeur de la manufacture d'indiennes, mais je ne puis affirmer que ses trois fils, dont le plus connu, Ferdinand, représenta longtemps la ville, et comme maire et comme député, y naquirent. La mairie Ferdinand Favre fut la plus longue et une des mieux remplies des mairies de Nantes qui figurent au *Livre Doré*; à 86 ans, en 1865, le beau vieillard présidait encore la distribution des prix du lycée. Quant aux Petit-Pierre, ils ont aussi beaucoup fait parler d'eux. Le petit-fils du manufacturier de 1793 a écrit des pièces de théâtre en collaboration avec Jules Amigues; son arrière-petit-fils, sous le pseudonyme de Georges Price, s'est fait une place dans le journalisme parisien; il était récemment secrétaire de la rédaction du *Gil Blas*.

Une manufacture d'outils aratoires, charronnage en acier, etc., fonctionnait, depuis cinq ans, rue de Rennes, nº 20. Joseph Gaudin fils, autorisé à l'établir, avait fait intervenir les Etats de Bretagne en sa faveur pour se défendre contre les exigences du directeur d'une manufacture analogue à Amboise, qui prétendait posséder un droit exclusif. Dans ce curieux procès, dont il est question aux *Artistes Nantais*, ouvrage de M. de Granges de Surgères, Joseph Gaudin obtint gain de cause. C'était un homme intelligent et remuant. Il mit sa manufacture d'acier « établie au quartier de Bel-Air, faubourg de Nantes », sous la protection des Etats de Bretagne. Il publia, à l'imprimerie Brun aîné, un bref in-quarto de 14 pages, que la Bibliothèque Nationale ne possède pas, mais dont on me signale la présence à la Bibliothèque de Nantes. *Copie des pièces apologétiques de la manufacture d'acier et outils aratoires du sieur Joseph Gaudin fils*. Gaudin avait de très nombreux homonymes; je ne sais si je puis lui rattacher le conseiller d'Etat, ministre plénipotentiaire, concurrent heureux du Dr Guépin et de Prévost-Paradol aux élections législatives de 1869, Emile Gaudin, dont la famille était originaire du pays nantais, mais je le crois parent de Julien Gaudin, raffineur, officier municipal sous la mairie Baco, que j'ai déjà signalé et qui, plus tard, fut commissaire pour la déportation des prêtres assermentés.

G. Guyot dirigeait une manufacture de toiles cirées à la côte Saint-Sébastien ou vis-à-vis la Bourse, et Demuller, qui clôt la liste de ces notables commerçants, la manuacture de verrerie, tout naturellement installée rue Verrerie, n° 3. Les anciens plans de la ville donneraient l'emplacement exact de cette verreri e dont il ne subsiste aucune trace. Je soupçonne que le directeur Demuller venait de l'Est ou du Nord et était d'origine allemande.

LA RÉGIE NATIONALE.
LES DOUANES ET LES PONTS ET CHAUSSÉES

La mise en régie

Aux fermiers généraux, qui affermaient tous les impôts et, moyennant des cautionnements, des redevances annuelles, échappaient au contrôle de l'Etat, l'Assemblée Constituante avait substitué des régisseurs ou receveurs, nommés par le Ministre des Finances; bref, elle avait mis en régie tous les droits qui devaient alimenter les caisses publiques, le Trésor. Une régie nationale des domaines, droits d'enregistrement, timbre, hypothèques « et autres droits y réunis », avait été créée dans chaque département. Elle donnait des pouvoirs très étendus aux directeurs, inspecteurs, receveurs principaux, qui réunissaient dans leurs mains les attributions des receveurs généraux (aujourd'hui trésoriers-payeurs), des percepteurs de contributions et de droits réunis, des conservateurs d'hypothèques. C'étaient de très hauts fonctionnaires, et leurs fonctions exigeaient la connaisssance la plus approfondie du système financier dont Turgot et Necker avaient jeté les bases.

Fidière.

Le directeur de la Régie nationale de la Loire-Inférieure se nommait Fidière et habitait au Bureau général de la

Direction, rue Girardon, n°3 (ex-rueBasse-du-Château). Il descendait d'une famille espagnole ancienne, les Figuero, et avait eu un ancêtre anobli comme argentier par. le roi d'Espagne Charles III. Employé dans les bureaux de la ferme des domaines, à Rennes, il s'y distingua par son intelligence, y fit une carrière rapide ét brillante. Sa fortune personnelle et ses capacités le désignèrent au choix du Gouvernement pour la direction suprême de la Régie nationale de Nantes. Je n'ai pas de renseignements sur sa gestion, mais le simple fait d'être demeuré à son poste, d'avoir régulièrement opéré ses recouvrements sous la dictature de Carrier, aussi cupide que cruel, prouve que son caractère était à la hauteur de son talent. Il se confina dans l'exercice de son emploi; les exemples, qu'il avait sous les yeux, de fonctionnaires ou de simples négociants que leur républicanisme n'avait pas protégés contre la loi des suspects, lui donnaient peu de goût pour une politique qu'il jugeait sévèrement dans son for intérieur, car il n'était pas jacobin et professait des opinions religieuses, fort rares à son époque. En pleine Terreur, il maria l'une de ses filles à Brulart, un de ses subordonnés, contrôleur de la fabrication des tabacs, et le mariage fut bénit dans un grenier de l'île Feydeau, par un prêtre insermenté, ce qui dut être signalé à l'autorité, mais ne lui coûta cependant pas la perte de sa place. Il avait fait de son fils unique, Fidière fils, disent les *Etrennes*, un receveur-contrôleur du magasin du Timbre. Ce Fidière fils marcha brillamment sur les traces de son père et suivit la carrière des finances La Restauration le nomma conservateur des hypothèques à Paris; il garda ce poste, aujourd'hui divisé en autant de conservations qu'il y a d'arrondissements, pendant toute la durée du Gouvernement de Juillet et mourut en 1854, presque nonagénaire. Il était le bisaïeul maternel de mon ami Olivier de Gourcuff, qui m'a transmis ces souvenirs de famille, mais n'a pas connu les vieux parents dont les réminiscences du temps de la Terreur nantaise devaient être si intéressantes. Cependant, la mère de mon ami disait que son grand-père et les grand' tantes qui l'avaient élevée ne parlaient pas volontiers d'une époque qui avait mis un voile de tristesse sur leurs jeunes années. Nantes alors ressemblait un peu à la Venise du Conseil des Dix; on n'osait pas y élever la voix, on y vivait sous la menace d'une arrestation, dans la crainte du lendemain. Les dix-huit prisons de la ville n'étouffaient pas tous les cris de douleur; le sang coulait de l'échafaud du Bouffay. La Loire ramenait parfois à la surface les cadavres des noyés. On s'explique que le silence, un silence de mort, ait plané sur la cité et que personne n'ait eu le loisir ou le courage d'écrire ses *Mémoires*.

Autres fonctionnaires de la Régie.

Cette digression m'a mené un peu loin de la Régie Nationale, qui comprenait deux divisions et, dans chacune d'elles, un inspecteur principal ayant sous sa coupe les districts du département. L'inspecteur de la première division, Bigot, — que je crois, d'après une tradition de la famille Fidière, être un Bigot de Preameneu, parent du rédacteur du Code Civil, — demeurait place Mirabeau (Delorme), à l'entrée du cours du Peuple (boulevard Delorme); il administrait, au point de vue financier, les districts de Nantes, Clisson, Machecoul, Paimbœuf, qui se subdivisaient eux-mêmes en treize bureaux. J'ai passé en revueplus de vingt Dubois, de la Loire-Inférieure, des départements circonvoisins, avec ou sans particules et noms ajoutés et je n'ai pas découvert la trace de l'inspecteur receveur principal de la seconde division, Dubois de Pacé, domicilié île Feydeau, rue Montfort, n° 3, dont les attributions s'étendaient sur cinq districts : Ancenis, Blain, Châteaubriant, Guérande, Savenay, et sur onze bureaux. Le nombre des districts était en raison inverse de celui des bureaux. Mais la première division, avec Nantes, devait être, et de beaucoup, la plus importante pour les recettes.

Nous allons y revenir, à Nantes, après avoir signalé les deux vérificateurs : Baudot, un Nantais de pure race, et son collègue, Bidard, à qui je connais des homonymes d'origine nivernaise. La ville de Nantes avait ses receveurs particuliers : Clavier, que nous avons rencontré déjà place du Pilori, n° 4, pour les Domaines, les droits domaniaux et les forêts nationales ; Bouhier de la Brejollière, un nouveau venu sous notre plume, pour l'enregistrement des actes sous-seing privé des notaires, les déclarations des successions directes et collatérales ; Bertrand, l'officier de la Garde Nationale (qu'il faut se garder de confondre avec Bertrand-Geslin, le lieutenant de Canclaux), pour l'enregistrement des actes judiciaires, des actes des huissiers et les amendes. Bouhier et Bertrand, déjà nommés, distribuaient à beaux deniers comptants le papier timbré.

Le directeur Fidière avait sous la main, ou plutôt en face de lui, au n° 3, de la rue Girardon, le « Bureau du Timbre extraordinaire ». Son fils, comme receveur contrôleur du magasin, assistait le garde-magasin contrôleur de la recette, un nommé Barmel. Le personnel se complétait par les deux Bazin, encore de vrais Nantais : le père, timbreur ; le fils tourne-feuille. Ce dernier emploi existe toujours, mais le joli qualificatif, qui figurait encore à *l'Annuaire du Commerce, 1904*, avec une dame « tourne-feuilles » à la rubrique Enregistrement, Domaine et Timbre, a disparu l'année suivante, et c'est dommage. Il manque un tourne-feuille dans la *Chanson de Fortunio*.

Les Douanes.

L'Administration des Douanes était une de celles que l'Assemblée Nationale avait créées en 1791 pour briser les cloisons qui séparaient les provinces. Le Gouvernement nouveau avait reconnu l'utilité et l'avantage d'un ensemble de taxes prélevées sur les marchandises étrangères, qui remplissaient le Trésor public, en même temps qu'elles protégeaient l'industrie nationale. Le système des Fermes, ébauché par Colbert, perfectionné sous Louis XV et Louis XVI, avait disparu, en 1793. Nantes, en raison de son commerce maritime, de ses relations maritimes, était au premier rang des villes de France qui appliquaient fructueusement le nouveau mode de perception.

Chose singulière, la Direction générale et les bureaux des recettes n'étaient pas situés au même endroit et se trouvaient relativement éloignés du port, de ce quai de la Fosse, où venaient atterrir les navires, où débarquaient les équipages. Les Douanes n'avaient pas pris encore possession d'une de ces belles maisons de pierre, hôtel à l'aspect grandiose, presque monumental, désigné pour lui donner l'hospitalité. En 1792-1793, le bureau de la Direction générale était encore celui des Fermes générales, rue Vendik (*sic*), ci-devant rue Mercœur, au rez-de-chaussée, proche le Marchix, dans un assez vilain quartier, que n'avait pas dégagé le percement de la place Lafayette. Les bureaux des recettes de l'étranger et des colonies étaient plus mal placés, rue Santeuil, ci-devant rue de Bertrand, maison Hervé. On devine ce que pouvait être alors la rue Santeuil, restée étroite et obscure avant que le vaste et élégant passage Pommeraye ait remplacé cette Galerie du *Commerce*, boyau tout noir qui dévalait en pente raide jusqu'à la Bourse.

Sectionnées, mal installées, les Douanes n'en constituaient pas moins, à la fin du XVIIIe siècle, dans une ville qui était le grand l'entrepôt des sucres et des cafés du monde entier, une administration de premier ordre. Il y avait, sinon plus d'employés, plus de chefs, de service et de commis principaux qu'aujourd'hui. Le directeur général se nommait Dominique-Charles Adine. Je ne crois pas qu'il fût Nantais; rien, du moins, ne me l'a désigné comme tel. Il avait été, sous Louis XVI, Directeur général des Traites, Gabelles, Tabacs « et autres droits y joints ». Il resta très longtemps à Nantes et y mourut probablement; il figure encore, avec son titre, dans un *Almanach* de 1810. Il avait sous ses ordres directs un premier commis de la direction, Seurot, et deux inspecteurs principaux : l'un, Regnault, en résidence au Croisic ; l'autre, Debourges, à Paimbœuf. Ce petit état-major était complété par un nommé Buche « capitaine général », demeurant au bas de la Fosse, maison Dupuis, dont le titre prouve bien que les douaniers étaient dès lors organisés militairement et formaient un corps prêt à combattre les contrebandiers ou les ennemis de l'Etat.

Passons aux « Recettes », Le fonctionnaire qui figure le premier sur la liste, avec le grade « inspecteur sed. (sédentaire) de la Douane », était celui de mes ancêtres sur lequel Perthuis, en me faisant présent des *Etrennes*, appelait mon attention. Cet Eudel, qui devait devenir Directeur à Cherbourg, n'était pas mon aïeul direct ; c'était le frêre aîné de mon grand-père (devenu lui-même directeur des Douanes à Boulogne sous le Premier Empire) et, par conséquent, un oncle de mon père qui; après bien des pérégrinations, fut envoyé de Calais à Nantes, en 1842, comme vérificateur des Douanes. Les Eudel étaient douaniers de père en fils, d'oncle à neveu. A quoi a-t-il tenu que je n'aie pas suivi la même carrière?

Benjamin Eudel, né à Laval en 1755, mais d'origine picarde, demeurait rue Contrescarpe. Les titres des employés qui venaient après lui, au bureau des recettes, sont curieux à reproduire. Il y avait le receveur de l'Etranger, Gerbier, d'une famillede négociants en grains, apparentée à celle du célèbre avocat rennais ; ce Gerbier, ancien juge consul, avait été trésorier des troupes, en 1787. Le contrôleur des recettes se nommait Bourret ; le commis, Gouaux. Une autre recette, dite des denrées coloniales, avait pour receveur Vallois, pour contrôleur Papelard, pour commis Papot, dont un descendant tint longtemps une pension très suivie. Le plombeur s'appelait Foucault; l'orthographe et la date me permettent de l'identifier avec un Foucault qu'on enrégimenta dans la compagnie Marat, et qui en sortit « parce qu'elle contenait des scélérats ». La liste des commis s'allonge. Elle comprend deux commis pour « les déclarations des isles » (on ne désignait pas autrement les Antilles), Rampin et Perret; deux pour les déclarations étrangères, Boquillon et Wattier; deux « aux déclarations d'entrepôt », Duchatellier et Debonnaire; deux aux expéditions, Bonneman et Lecomte. Quelques-uns de ces noms me frappent. Le critique et romancier Paul Perret, qui aimait à se dire de vieille souche nantaise, aurait retrouvé l'un des siens. L'auteur de l'*Histoire de la Révolution dans les départements de l'ancienne Bretagne*, écrivait, ainsi que le commis des Douanes, son nom en un mot; depuis, on écrit du Chatellier. Le nom de Bonnemant n'a pas cessé d'être porté à Nantes. Lecomte a été un des 132 Nantais. Des gardes-magasins, Neveux La Bouchardière, Gaborit, Bellin, Maison, qui opéraient pour les isles, pour l'Inde, pour la Guinée et le Nord (bizarre assemblage), Gaborit seul me semble bien Nantais: serait-il le Gaborit (Louis-Théodore), auteur de *Mélanie ou l'Egalité*, tragédie patriotiques en cinq actes et en vers, Nantes, 1791? Le commis aux archives du commerce, nous dirions simplement l'archiviste, s'appelait Moret. Deux autres commis, Pallois et Damory, étaient chargés du contrôle « des visiteurs », négociants de la ville, notables commerçants ou industriels qui inspectaient les marchandises à l'arrivée, vérifiaient les opérations.

La liste de ces dix-huit visiteurs nous est donnée au complet. Je la reproduis, quoiqu'elle nous fournisse peu d'indications nouvelles sur la bourgeoisie nantaise de l'époque. C'étaient Jourdain, Culembourg, Favre, Dufraisse, Rostenne, Saveneau, Tardiveau, Pointel, Messal, Chevalier, Valadier, Lacour, Le Romain, Lamboley, Briffault, Landon, Lagrange, Henry. A part Tardiveau, qui fut — si ce n'était son frère — membre du Consei du département; Saveneau, encore « visiteur » en 1810 et secrétaire en chef de la mairie; Chevalier, un des 132 Nantais; et Le Romain, ancêtre d'un avocat bien connu, notre contemporain, cette liste est assez indifférente.

Le Tribunal du District de Nantes, nous apprend un nota *inséré* aux *Etrennes*, est celui qui doit connaître directement de toutes les contestations relatives aux Douanes. Ces contestations me semblaient devoir être plutôt du ressort du Tribunal de Commerce.

Il y avait aussi une régie générale pour percevoir un droit de marque sur les ouvrages d'or et d'argent. C'était la fin de l'ancienne Ferme; Borgnier prenait le titre et la qualité de directeur et receveur général *de la liquidation*. Notons, d'ailleurs, qu'un commissaire du Gouvernement près l'Hôtel des Monnaies existait encore en 1810; il n'était autre qu'Antoine Peccot.

Ponts et Chaussées.

Depuis que le département des Ponts et Chaussées avait été réuni, en 1735, au Ministère des Finances, cette administration avait pris une importance considérable. Sous l'impulsion d'ingénieurs comme Trudaine et Perronet, 6.000 lieues de routes furent tracées dans le royaume; des ports, des ponts, se creusèrent ou s'élevèrent de tous côtés. La Révolution, cependant, attaqua, sous le vain prétexte de réaliser des économies, le corps des ingénieurs que défendirent, à la tribune de l'Assemblée, l'illustre Mirabeau et Chapelier, le député de Rennes. Les Ponts et Chaussées eurent gain de cause, et leur importance s'accrut. Dans chaque département, on nomma un ingénieur en chef, et, selon le chiffre de la population et le nombre des travaux à effectuer, deux ou trois ingénieurs ordinaires.

A Nantes, l'ingénieur en chef était Groleau « près le Bon Pasteur »; les trois ingénieurs ordinaires se nommaient Recommencé, rue Maupertuis, Rapatel, quai Barbinais (l'ancien quai de l'Hôpital tirait cette appellation de Porcon de la Barbinais, dit le Régulus malouin) et Hervoet.

Ces fonctionnaires ne me semblent pas appartenir à des familles nantaises. Au cours de l'année 1793, ils eurent peu de travaux à effectuer. Mais le ministre de l'Intérieur, Garat, qui avait pris possession du réseau des Ponts et Chaussées, leur imposa des obligations inattendues. Dans le département de la Loire-Inférieure, un des plus agités par la guerre, ces devoirs revêtaient un caractère bien défini. Ils étaient appliqués, comme tous leurs collègues, au service de l'armée; ils devaient spécialement s'occuper du casernement des troupes du génie. Une circulaire ministérielle d'avril 1793 leur prescrivit même d'aider au recrutement. C'étaient là des postes peu en harmonie avec la situation privilégiée que la fondation de l'École Polytechnique par la Convention allait donner aux ingénieurs des Ponts et Chaussées; qui se recrutèrent, dès l'origine, parmi les premiers élèves sortis de l'École.

LES POSTES

Poste aux lettres.

Arrivons à la poste aux lettres, si agitée récemment. Cette administration, si utile de tout temps, si critiquée, avait une importance capitale, attestée par les douze pages de petit texte que lui consacrent les *Etrennes.*

Nos contemporains ne connaissent guère la différence qui existait entre la grande et la petite poste: l'une était le service de la correspondance allant, grâce aux courriers, de ville en ville; l'autre se restreignait à la distribution de la correspondance locale. Avec les messageries monopolisées par l'État, qui expédiaient dans toutes les directions leurs voitures pour le transport des voyageurs et des marchandises, la grande et la petite poste constituaient tous les moyens de locomotion, de transmission publiques, à une époque qui nous paraît bien arriérée, quoiqu'elle eût déjà réalisé d'immenses progrès sur l'ancien état de choses.

En 1780, la grande et la petite poste avaient été réunies et mises en régie; il existait alors 1.284 bureaux, 3.000 relais. Le bail de la ferme des messageries ayant été résilié, les messageries furent jointes aussi à la poste pour ne constituer qu'une seule et même administration.

Le même régime était en vigueur, à peu de chose près, à l'époque que nous décrivons. Neuf administrateurs, élus par la Convention, dirigeaient la Régie nationale des trois administrations réunies. On ne parlait alors que par *Directoires*, mais le *Directoire de la Poste*, relativement au Ministère des Finances, dont il dépendait, représentait assez bien ce que nous appellerions aujourd'hui un sous-secrétariat d'Etat.

Le président du Directoire, chef suprême de l'Administration des Postes, répondait au nom de Bron. Celui des neuf administrateurs qui avait dans ses attributions le département de la Loire-Inférieure, Gibert, résidait également à Paris, mais il pouvait bien être originaire de Nantes, où ses homonymes sont nombreux.

Je n'ai, malgré de longues recherches, recueilli aucuns renseignements locaux sur les divers fonctionnaires des Postes en résidence à Nantes, dont je me borne à donner les noms, domiciles et qualités. L'inspecteur pour Nantes et, sans doute, pour la région s'appelait Desbordelière. Avec l'adresse du directeur J.-B. Giraud, qui, lui, devait être Nantais (mais les Giraud ont toujours foisonné à Nantes), nous avons celle de l'Hôtel de la Poste, rue Bossuet. Du contrôleur Menureau, place du Pilori; du receveur Joubert aîné, place Neptune; du taxateur Guérineau, rue Racan; des quatre commis, Joubert jeune, rue Girardon; Laville, Haute-Grande-Rue; Rolland, rue des Chapeliers; Noiret, rue Démosthènes, nous ne savons absolument rien; nous n'avons que la seule mention des *Etrennes*.

Au point de vue de la distribution des lettres — notons, une fois de plus, qu'il ne s'agissait que des lettres venues du dehors — la ville était divisée en cinq quartiers; il y avait cinq facteurs : Douineau (si nous savions qu'il était de la Chapelle-Basse-Mer, je l'identifierais volontiers avec un Jean Douineau, condamné à mort en l'an II par la Commission militaire Lenoir). Douineau, qui habitait isle Feydeau, rue Clisson, 3, distribuait les lettres quai Tourville, île Feydeau, quai Barbinais, pont Orient, Pré de la Magdelaine et sur tous les ponts (*sic*). Louvigné jeune, rue Grétry (ex de Cereste), faisait sa tournée place du Commerce, quartier Graslin, la Fosse et l'Hermitage. Tassut, rue Bossuet, 4, (ex rue Briord), avait dans son réseau *tout l'intérieur de la ville*, ce qui désigne sans doute le quartier du Château, toute l'ancienne cité. Francineau, rue Mignard, 37, (ex Saint-Similien), parcourait la rue Rubens, la rue du Chapeau-Rouge, la rue Contrescarpe, la place Buffon, la rue Van-Dyck, la place Guttenberg, le Marchix, les Hauts-Pavés. Enfin, Petiteau, rue Démosthènes, 70, (ex Saint-Clément), visitait le cours Liberté, le cours Fédération, la rue Démosthènes et Richebourg. L'*Indicateur Nantais*, de Guimard, de 1792, donne Rincheval à la place de Francineau et Louvigné aîné à celle de Petiteau? Mais ce sont les mêmes adresses aux mêmes numéros ?

Encore que la besogne de ces cinq facteurs fût très inégale, elle n'en restait pas moins pénible.. Mais ils ne faisaient sans doute qu'une distribution par jour; la faisaient-ils même tous les jours.

La poste restante — apparemment privée — était chez la veuve Brunet, rue Bossuet, n° 4, c'est à dire tout près de l'Hôtel des Postes. Ce terme « poste restante » doit être vieux comme la chose qu'il représente. Les voyageurs de commerce et les amoureux en usaient alors ; ils en usent toujours. Dans le *Calendrier du Commerce ou l'Almanach de la Petite-Poste et de la Poste Maritime de Nantes pour l'année commune* 1790, est déjà indiquée une « poste restante », chez Brunet, distributeur, rue de Briord (devenue rue Bossuet en 1792), n° 16, près du Bureau général, situé rue de Briord, n° 11.

Un petit avis, qui a son prix, nous apprend ensuite « qu'on a établi pour la commodité du public trois boîtes « pour la grande poste, auxquelles on peut mettre les « lettres avec la plus grande confiance, étant levées par « les facteurs deux heures avant le départ de chaque « courrier. » Je me serais reproché de rien ôter, de rien changer, au texte de cet avis; « avec la plus grande confiance » me semble un bien joli euphémisme. Je suis sûr que, dans l'ancienne France postale, on ne mettait pas une lettre à la boîte sans une vague inquiétude.

Nantes, comme toute ville dépassant 4.000 habitants, avait ses lettres distribuées à domicile. Les trois boîtes additionnelles dont il vient d'être parlé lui constituaient encore, pour l'époque, un rare privilège. Bien placées. ces boîtes, malgré de bizarres indications d'adresses, La première était chez le marchand de parasols, vis-à-vis la Bourse; elle servait aux négociants; la seconde, chez Jourdain, tenant les bains, quai Turenne, était à l'usage du monde élégant; la troisième, place Buffon, chez Henri, pâtissier, vis-à-vis la poste aux chevaux, permettait aux personnes scrupuleuses de ne pas donner en mains propres leurs lettres aux postillons, personnages suspects, dont un écrit de l'époque nous dénonce « l'insubordination vis-à-vis des maîtres de poste, l'insolence et les exactions vis-à-vis des voyageurs ». — Détail important et de nature à rassurer tout à fait les timides : les clefs des boîtes étaient déposées au grand bureau.

Les quatre pages des *Etrennes* qui suivent donnent, sur le départ des courriers de Nantes et leur arrivée à Nantes, des renseignements aussi précis que complets. Il faudrait les transcrire sans oublier l'avis publié pour la levée des boîtes de l'intérieur, qui se faisait tous les jours : pour Paris, par Le Mans; pour Bordeaux; pour Rennes, trois fois par semaine; pour Brest; le pays de Retz; Paris, par Vendôme et Tours. La levée du bureau central était toujours faite une heure après la levée des bureaux de quartier.

Une mention nous fait sourire : « Il faut affranchir les lettres chargées » et nous rappelle qu'autrefois la taxe était payée par celui qui recevait la lettre et qu'il coûtait au pauvre diable de récipiendaire jusqu'à un franc vingt centimes, quand la lettre venait de l'autre bout de la France. Très arbitraires, d'ailleurs, ces taxes, quoiqu'on les prétendît basées sur la distance. Ainsi, ce sont les *Etrennes* qui nous l'apprennent, on n'affranchit point pour la Hollande, l'Espagne, le Portugal, la Prusse, la Suède, le Danemarck et la Russie, et ces taxes inconnues devaient être formidables à en juger par celles que nous connaissons. Les letres pour l'Italie coûtaient 24 sols « la simple » (jusqu'à quel poids? on néglige de nous le dire); pour l'Angleterre jusqu'à Calais, par conséquent jusqu'à la limite du territoire français, 16 sols la simple; pour l'Allemagne au delà du Rhin, 24 sols la simple; pour Turin et la Savoie, 24 sols; quelle source de bénéfices pour les gouvernements! Mais on écrivait peu alors.

Les courriers.

Le départ et l'arrivée des courriers avaient lieu parallèlement et avec beaucoup d'ordre ou de symétrie. C'est ainsi, pour ne prendre qu'un exemple (ces listes de noms de villes et de pays étant d'une désespérante monotonie), qu'il y avait le dimanche trois départs de la malle-poste et quatre arrivées. A 4 heures du matin, arrivait le courrier de Rennes, Nozai, Derval, Châteaubriant et une grande partie de la Bretagne; à 7 heures du matin, arrivait un autre courrier breton, venant de Brest, Vannes, Lorient, Quimper; à 5 heures du soir, c'était l'arrivée du courrier de Bordeaux, La Rochelle, Toulouse, Montpellier, l'Espagne et le Portugal; à 8 heures du soir, partaient en même temps les courriers de Bordeaux et de Rennes; à 10 heures, celui de Paris, Chartres, Le Mans, Angers, l'Allemagne, la Flandre, la Hollande, l'Angleterre, l'Italie, la Prusse, la Suède, le Danemarck, la Bohême et la Hongrie; enfin, à minuit, arrivait le courrier de Paris, Orléans, Vendôme, Tours, Blois et de divers pays étrangers. C'était une journée bien remplie; *ab uno disce omnes.* Et, malgré le grand nombre des localités énoncées, le rédacteur des *Etrennes* se rendait compte que son énumération n'était pas complète; il prenait ses précautions ainsi : « Toutes les villes et autres lieux qui se trouvent sur la route et aux environs, quoiqu'on n'en fasse pas mention, partent par les mêmes ordinaires que les villes ci-après. »

Poste aux chevaux.

On sait le rôle important que joua dans l'arrestation de Louis XVI, à Varennes, le maître de postes, Drouet. Son collègue de Nantes, chargé du service *de la poste aux chevaux et relais*, avait son établissement et son bureau à l'entrée de la place Buffon, n° 19, sur cette ancienne et nouvelle place de Bretagne, qui occupe encore aujourd'hui le centre de la ville. Il dut être, en pleine agitation révolutionnaire, très fier de son nom romain de Caton. Je me demande même si ce nom républicain ne lui fut pas donné dans les clubs comme, à d'autres, les noms de Brutus et de Scévola. Ce Caton nantais a beaucoup moins fait parler de lui que Caton le Censeur ou même que Caton d'Utique. Le seul document contemporain que j'aie retrouvé, où il soit question d'un maître de la poste aux chevaux de Nantes, est de 1798 (29 prairial, an VI). Il transmet au Directoire les doléances de ce personnage, qui se nommait Racine, et de ses collègues des routes de Rouen, Bordeaux, Lyon, Lille, Brest et autres lieux, afin d'obtenir une loi qui fixe d'une manière stable et invariable l'organisation des postes aux chevaux. Racine et ses collègues se plaignaient surtout de la conduite répréhensible des entrepreneurs des charrois militaires et d'artillerie, qui empiétaient sur leurs droits et enlevaient tout ce qu'ils trouvaient. *Quia nominor leo,* a dit Phedre.

Petite poste.

La Petite Poste, nous l'avons déjà remarqué, ne se

chargeait que de l'expédition des correspondances locales Fondée, vers le milieu du XVIIIe siécle, par un philanthrope intelligent, Piarron de Chamousset, elle avait été, comme sa grande sœur, mise en régie nationale. Le Bureau général de Nantes était situé, et resta longtemps, rue J.-J.-Rousseau, n° 4. L'Administration comprenait un directeur, un contrôleur-inspecteur, six facteurs pour le service de la ville et de la campagne (ou plutôt de la banlieue), trois autres facteurs pour la campagne, de ceux qu'on appela plus tard facteurs ruraux, deux surnuméraires. Il y avait des bureaux ou boîtes dans les différents quartiers de la ville; les facteurs y faisaient des levées six fois le jour, de 6 h. 1/2 du matin à 7 h. du soir, et distribuaient en même temps les lettres de la levée précédente. Le port de la lettre pour la ville était de deux sols, pour la campagne, de trois sols; c'était presque l'affranchissement actuel, mais le sol de 1793 valait plus que notre sou. Ajoutons qu'un bureau de poste maritime était adjoint à celui de la petite poste, et constatons que, là du moins, on avait mis la taxe à la portée de toutes les bourses; à cause des relations constantes de la métropole nantaise avec les colonies, l'envoi de la lettre coûtait un sol, la réception deux sols « sans égard au poids ou volume » Il n'était plus question de « simple » ou de « double », comme à la grande poste,

Les *Etrennes* ne nous nomment aucun des subordonnés du directeur de la petite poste et de la poste maritime, le citoyen Mangin. Celui-ci compense heureusement, par sa notoriété, l'obscurité de ses collaborateurs. Au prix d'une lutte incessante et de sacrifices pécuniaires, Victor Mangin, premier du nom, fonctionnaire et publiciste, lança les premiers journaux politiques et commerciaux qui aient paru à Nantes. Dès 1782, il rédigeait la *Correspondance maritime*, qui se transforma successivement en *Feuille maritime*, en *Feuille nantaise*, en *Affiches de Nantes*, inspirées par les *Petites affiches* de Paris. Il put, avant de mourir, fonder, en 1819, l'*Ami de la Charte*, que reprit, ou continua, son fils Charles-Victor-Amédée, le créateur du *National de l'Ouest* et du *Phare de la Loire*. L'impulsion donnée sous le Second Empire à ce dernier journal par mes amis Victor et Evariste Mangin venait de leur grand-père. C'était une tradition de famille. Et si l'on songe que le premier, Victor Mangin, postier, journaliste, était encore imprimeur, poète agréable, créateur d'une comédie-vaudeville, *La bonne nouvelle ou l'heureuse journée*, faite à l'occasion de la paix générale et représentée à Nantes en 1814, on reste stupéfait de cette intelligence, de cette activité rayonnant dans tous les genres.

L'antique diligence.

La diligence ! Que de souvenirs évoquait, que d'émotions réveillait autrefois ce simple mot ! Un voyage il y a cent ans était une grave affaire, où l'on ne s'aventurait que pour de sérieux motifs d'intérêt, et l'instrument du voyage avait lui-même quelque chose de formidable. Le coche décrit par La Fontaine s'était à peine transformé pour devenir la haute et lourde voiture à trois compartiments (coupé, intérieur, rotonde), sans préjudice de l'immense bâche, formant capote, sous laquelle on entassait pêle-mêle les bagages et les voyageurs peu fortunés. Et les chevaux, percherons infatigables, aux robustes encolures, qui faisaient jaillir, en s'ébranlant, l'étincelle du pavé et qu'on échangeait aux relais contre des bêtes pareilles, qu'une bonne ration d'avoine mettait en état de parcourir au grand trot les dix ou douze lieues réglementaires ! Et le postillon, ce type déjà presque disparu à la fin du XVIIIe siècle, bon pour la légende ou l'opéra-comique d'Adam, remplacé par le conducteur, brutal ou bon enfant, débraillé sous sa limousine et sa casquette à oreilles !

J'ai connu les temps bibliques de la diligence, et je me souviens assez de celle qui m'amena, tout enfant, de Calais à Nantes, pour trouver quelque vraisemblance au joli tableau de mœurs de Boilly « L'arrivée de la diligence dans la cour des messageries », ou bien aux amusants versiculets de Désaugiers qui fixent un des aspects de *Paris à cinq heures du matin* :

La diligence
Part pour Mayence,
Bordeaux, Florence
Ou les Pays-Bas...
Les chevaux hennissent,
Les fouets retentissent,
Les vitres frémissent,
Les voilà partis !...

On s'embrassait au départ, comme si on ne devait plus se revoir; à l'arrivée, comme si les voyageurs venaient d'échapper à un grand danger.

Ces simples mots « Diligences et Messageries nationales, Bureaux de Nantes » sont le thème sur lequel j'ai brodé mes variations. Revenons au côté pratique. Le Bureau général était rue Van Dyck, 21, près la place Buffon, et j'aime à peupler, par l'imagination, la vieille place de Bretagne de la foule grouillante et bariolée qui transformait chaque départ, chaque arrivée de la diligence, en un petit événement local. Le bureau était ouvert tous les jours, de 7 heures du matin à midi 1/2, de 2 h. 1/2 à 7 heures du soir. Pas de repos hebdomadaire pour le personnel, qui comprenait un directeur, bizarrement nommé Vobis, dont le descendant probable fut plus tard menuisier rue du Coudray, un sous-directeur, Hébert, un contrôleur, Rabier, un facteur en chef, Sattin.

Où allait-on? Dans quatre directions : à Angers et Paris, à La Rochelle et Bordeaux; à Rennes et Saint-Malo ; à Vannes et Lorient. Cette énumération de villes est limitative; ainsi, pour la Bretagne, Lorient était le point terminus des messageries nantaises; il fallait dans cette ville, ou à Vannes, prendre une autre ligne pour aller à Saint-Brieuc, Morlaix ou Brest.

Par contre, les voitures donnaient des correspondances qui permettaient, par exemple, au voyageur venant de Paris d'attendre, à Nantes, le départ pour Bordeaux.

Les diligences de Nantes n'avaient point, en 1793, la massive apparence des véhicules Laffitte et Caillard, qui transportaient, plus tard, jusqu'à trente-deux personnes, sans compter les chiens, les chats et les oiseaux. C'étaient d'assez légères voitures à six places et une « au cabriolet », huit personnes avec le conducteur La Compagnie, d'après les *Etrennes*, en possédait neuf : trois pour le service d'Angers et Paris ; deux pour celui de La Rochelle et Bordeaux un pareil nombre pour les services de Rennes et Saint-Malo, de Vannes et Lorient.

Les fourgons.

Pour assurer leur marche, assez rapide, les diligences ou malle-postes ne prenaient que les voyageurs munis de bagages personnels. Il restait les marchandises et effets de tous genres, pour le transport desquels la Compagnie possédait de lourds véhicules, appelés *fourgons*. A chacune des quatre lignes exploitées par les messageries nantaises, un fourgon était attaché. On ne nous dit pas quand revenait celui qui partait pour Paris, tous les vendredis, à deux heures du matin, mais nous savons qu'il prenait aussi des voyageurs à tarif réduit, à raison de quatre sous par lieue. Il desservait les divers endroits de la route et adjacents à raison de 15 sous le cent (le quintal de 100 livres pesant par cent lieues) ou de trente sous le cent par dix livres. Le fourgon de la route de La Rochelle et Bordeaux partait le lundi, à 4 heures du matin, était de retour le dimanche, à 6 heures du soir. Il avait le même tarif pour les marchandises, que celui de Rennes et Saint-Malo, qui partait le lundi, à 10 heures du matin, revenait le dimanche, à midi, et que celui de Vannes et Lorient, qui, parti le mardi, à quatre heures du matin, était de retour le dimanche, à six heures du soir.

La note, évidemment intéressée, des *Etrennes* insiste sur la modicité du prix de transport par les fourgons; elle stipule aussi qu'on fera des *abonnements au Commerce*, pour les objets qui en seront susceptibles : c'est le tarif réduit, ou tarif *minimum*, de nos Compagnies de chemins de fer, qu'une administration ayant le souci de ses intérêts ne pouvait manquer d'établir dans une ville commerciale telle que Nantes. Remarquons, en passant, que le principe des abonnements ne date pas d'hier.

Les départs.

Après les colis, si nous nous occupions un peu des voyageurs. On leur imposait des heures de départ qui, l'hiver surtout, devaient être gênantes. Ceux qui allaient à Paris ou sur la ligne (Angers, Saumur, Tours), et qui devaient être les plus nombreux, partaient, à trois heures du matin, les dimanches, mardis et vendredis; l'une des trois diligences, qui faisaient ce grand trajet, revenait le lundi, le mercredi, le samedi « vers les sept heures du soir ». Ce « vers » nous montre qu'il fallait parfois compter avec l'imprévu, une roue à réparer, un accident de route, au pis aller la voiture versée dans un fossé.

Les deux diligences « à six places et une au cabriolet », se dirigeant sur La Rochelle et Bordeaux, partaient le mercredi et le samedi, à 6 heures du soir, arrivaient le lundi et le vendredi, *vers* 8 heures du soir. On correspondait avec Vannes et Lorient, Rennes, Angers et Le Mans; mais il me semble bien qu'on n'allait pas jusqu'à Bordeaux. Le prix des places n'était donné que jusqu'à Blaye; celui du port des effets seul était indiqué jusqu'à Bordeaux. Les voyageurs quittaient probablement la diligence à Blaye et descendaient en bateau, par le coche d'eau, la Gironde jusqu'à Bordeaux. Le trajet de Nantes à Bordeaux devenait un vrai voyage au long cours, auquel ne manquaient pas les émotions d'une traversée.

Sur les lignes de Bretagne, les choses allaient plus simplement; aussi bien les distances étaient-elles beaucoup moindres. Pour aller de Nantes à Rennes et Saint-

Malo, l'une des diligences partait le mardi et le samedi, à 8 heures du soir, arrivait le mardi et le vendredi, à 5 heures du soir (le *vers* problématique est remplacé par un *à* formel). Même précision pour la ligne de Vannes et Lorient; on partait le mardi et le vendredi, à 10 heures du soir, on arrivait le dimanche et le jeudi, à 8 heures du soir. On ne disposait dans chaque voiture que d'un petit nombre de places, et encore n'étaient-elles pas toutes à la disposition des voyageurs qui devraient s'arrêter sur le parcours. Dans les trois diligences qui faisaient chaque semaine le service de Paris, on ne délivrait de places que pour Paris, sauf le vendredi, où l'on en réservait deux pour Angers, Saumur ou Tours. Les autres lignes étant moins fréquentées, le règlement n'était plus le même. On donnait deux places « en directe » pour Blaye, le restant pour La Rochelle seulement. Aucune stipulation pour Rennes et Saint Malo. Pour Vannes et Lorient, même distribution de places que pour Blaye et La Rochelle.

Coût des voyages.

Le prix des places, soigneusement indiqué par les *Etrennes*, est fort instrutif. Il montre ce qu'il en coûtait alors pour voyager, et prouve que la dépense était une des causes de la rareté des déplacements.

Le « prix de la place » dans la diligence pour Paris était de 55 livres 10 sous, ce qui ferait au bas mot 100 francs d'argent actuel; pour Angers, on payait 12 livres 12 sols; pour Saumur, 20 livres 8 sols; pour Tours, 30 livres. La diligence donnait une place « au cabriolet », c'est à dire à côté du cocher; le voyageur à destination de Paris qui bravait ce voisinage et s'exposait aux intempéries des saisons en était pour ses 36 livres 16 sols. C'est, en tenant compte de la différence du taux de l'argent, trois fois le prix de la place en chemin de fer. Et, comme le voyage durait trois jours et trois nuits, il fallait s'alimenter en cours de route, dans des auberges, qui s'entendaient à merveille à exploiter le client de rencontre.

Nous n'avons pas, et pour cause, le prix de Nantes à Bordeaux, mais, pour aller à Blaye, point terminus de cette ligne, la diligence prenait 42 livres 12 sols; le transport par eau de Blaye à Bordeaux était certainement compté en plus. Pour La Rochelle, le prix était relativement moins élevé, 21 livres tout juste. La place « au cabriolet » n'était pas donnée plus loin que cette ville, elle coûtait 14 livres.

De Nantes à Rennes ou à Saint-Malo, c'était le même prix, ce qui me paraît une anomalie singulière; on prenait indifféremment 16 livres 4 sols dans la diligence et 10 livres 16 sols « au cabriolet », sans désignation ni réserve. La place était au premier occupant.

Pour Vannes et Lorient, le tarif était très différent, quoiqu'une trentaine de kilomètres à peine sépare ces deux villes. Cela coûtait 15 livres 12 sols dans la diligence pour Nantes, et 24 livres pour Lorient. La place « au cabriolet » était pour Vannes seulement; elle revenait à 10 livres 8 sols.

On sera curieux de connaître encore le prix du « port des effets », c'est à dire des bagages, encore plus disproportionné que celui des places avec les tarifs d'aujourd'hui. Nous avons droit, dans les chemins de fer, à 30 kilogrammes de franchise ; on payait, dans les diligences, 4 sols 9 deniers par livre quand on allait à Paris, 4 sols 3 deniers pour Bordeaux (les effets pouvant être enregistrés jusqu'à cette ville et jouissant ainsi d'un privilège refusé aux voyageurs). Les tarifs pour Angers, Saumur, Tours, La Rochelle, Blaye, Rennes, Saint-Malo, Vannes, étaient en proportion; la livre d'effets coûtait exactement deux sols pour Lorient. Les voyages, encore une fois, étaient l'apanage des personnes riches ou au moins aisées. On faisait son testament avant de partir, et on emportait la forte somme.

Les messagers. Le type du « messager » qui part de grand matin de sa petite ville ou de son village, emportant dans sa lourde charrette des provisions ou des colis de toute nature, parfois aussi des gens de la campagne, et qui décharge le tout chez son correspondant de la grande ville, d'où il repart avec un nouveau chargement, ce type d'ancien camionneur suburbain n'a pas complètement disparu. Il y a toujours à Paris des hôtelleries à la mode d'autrefois, où descendent le messager de Versailles et celui de Saint-Germain; il y en a aussi dans le Nantes de 1909. Comme aujourd'hui, pour desservir les maisons le long des routes, les messagers étaient nombreux en 1793. Les *Etrennes nantaises* les énumèrent et nous donnent les adresses de leurs correspondants. Les messagers d'alors ressemblaient aux voituriers d'à présent, qui, malgré l'établissement progressif des lignes de chemins de fer, soutiennent la concurrence avec elles.

Le messager de Châteaubriant, le premier sur la liste, débarquait, le samedi matin, chez Marchandeau, épicier, Haute-Grande-Rue; il repartait le samedi à midi, prenant 6 livres par place de voyageur (un bon prix) et 1 sol par livre d'effets.

Le messager de Cholet arrivait à la Maison Blanche (qui a donné son nom au quai voisin) près Bon-Sec, un nom d'hôtelier ou d'aubergiste qui me rend perplexe. Il n'avait pas de jour fixe, arrivait le mercredi ou le jeudi, soir; il repartait le lendemain du jour de son arrivée. Son tarif était de moitié moindre pour le voyageur que celui de son collègue de Châteaubriant, mais le même pour les effets.

Le messager de Clisson, qui descendait chez Bethuy, chaussée Magdelaine, était encore moins régulier dans ses allées et venues; arrivant le mardi ou le vendredi soir, il repartait le mercredi ou le samedi, à 9 heures. Son tarif était respectable pour la distance : 2 livres par place, 6 deniers par livre pour le port des effets. Bethuy, hôtelier achalandé, recevait encore chez lui le messager de Machecoul, qui arrivait régulièrement le vendredi soir et repartait le samedi matin, à 10 heures. Place : 3 livres. Port des effets : 9 deniers par livre.

La diligence de Rennes aurait pu, sans faire un coude accentué, desservir la vieille, et alors importante, cité de Redon. Il n'en était pas ainsi. La patrie du bénédictin saint Convoyon, où Louis XV vint en pèlerinage, avait un messager qui, en bon Breton, s'arrêtait chaque jeudi soir à l'enseigne du Duc de Bretagne, au Marchix. Il en repartait le vendredi, à une heure, demandant aux voyageurs 6 livres par place et 9 deniers par livre pour les effets.

Les communications de Nantes avec la Vendée, toute voisine, semblent avoir été assez rares en 1793. Il y avait cependant un messager des Sables, qui arrivait à la Maison Rouge, quai Montcalm (ex quai de la Maison-Rouge), le mercredi soir ou le jeudi matin, qui en repartait le vendredi matin. Les places dans sa voiture coûtaient 15 livres. Détail typique, les cavaliers expérimentés pouvaient se donner le luxe de faire la route à cheval, sans doute sur un des chevaux de l'attelage. Ne croyez pas que cette faveur fût gratuite. On l'estimait un bon prix ; le trajet « à cheval » coûtait 12 livres.

Nous sommes assez mal édifiés sur les faits et gestes du dernier messager, celui de Poitiers qui, comme son confrère des Sables, descendait à la Maison Rouge ou quai Montcalm. Le trajet était presque aussi long que pour Paris, plus de 80 lieues, et on le voit, non sans surprise, confié à un simple messager. Celui-ci arrivait tous les quinze jours, un vendredi, et repartait le samedi suivant, en été, le dimanche, en hiver. Le tarif des voyageurs et des effets devait être élevé ; les *Etrennes* ne nous en informent pas. Elles insèrent, en revanche, le curieux *nota* suivant : « Lorsque les particuliers auront des contestations avec les messagers, ils pourront s'adresser au bureau des messageries et on leur fera raison. » Le

Bureau des diligences et messageries nationales était ouvert tous les jours, de 7 heures du matin à midi et de 2 heures et demie à 7 heures du soir.

Roulage.

Nous manquons de détails précis sur les « Roulages et Commissionnaires » qui devaient comprendre toutes les espèces de charrois et aussi les déménagements. Ce mode de transport était placé sous la direction de trois entrepreneurs de grosses voitures par la voie des rouliers et pour toutes les villes *du royaume (sic)*, dont suivent les noms et adresses : Delahaye, rue Marchix n° 9 ; Legué, place Buffon, n° 23 ; Bruno, sur les Hauts-Pavés n° 8. La veuve Despilly, ou plutôt son rédacteur, avait reproduit, sans y prendre garde, l'*avis* de l'année précédente. Mais si quelque sans-culotte du club Vincent-la-Montagne s'est avisé d'éplucher les *Etrennes*, quel formidable juron, digne du *Père Duchêne*, a dû lui échapper à la lecture de cette phrase stupéfiante : « pour toutes les villes du royaume ». Ce n'était vraiment pas la peine d'avoir envoyé Fouché voter à la Convention la mort du tyran !

Le Bureau des correspondances.

Nous allons en finir avec les transports, mais ce qui nous reste à dire n'est pas le moins intéressant. Le 16 avril 1780, l'année même où la réforme préconisée par Turgot réunit les trois administrations de la grande, de la petite poste, des messageries, un bureau de correspondance nationale et étrangère fut établi par arrêt du Conseil du Roi. Jusqu'alors, les « particuliers isolés », auxquels s'adressaient les personnes qui ne pouvaient pas gérer elles-mêmes leurs affaires du dehors, avaient souvent trahi la confiance de leurs commettants ; on reprochait à ces intermédiaires peu délicats l'envoi de lettres et d'avis circulaires dans le genre, sans doute, des réclames financières ou autres qui séduisent encore aujourd'hui de crédules capitalistes.

Bien des abus avaient dû se produire avant que l'Etat s'occupât d'y remédier. Mais la fondation du Bureau général de correspondance, sous l'inspection du Gouvernement, mit en sûreté les biens de tous et facilita, du même coup, les transactions. Ce Bureau général cumulait les attributions de ces institutions qu'une pratique presque séculaire a rendues indispensables au fonctionnement de la société française; il participait de la Caisse d'Épargne, de la Caisse des Dépôts et Consignations, de la Trésorerie Générale et de la Banque de France ou de toute autre de ces grandes sociétés de crédit patronnées ou autorisées par l'Etat, que le XIXe siècle a vues éclore. Voici, au surplus, comment les *Etrennes*, fidèle miroir de l'esprit et du style de l'époque, définissent son rôle et expliquent son utilité : « Il se charge de la recette des pensions, rentes et revenus de toutes espèces, de suites d'affaires de recouvrements, achats et envois de marchandises, tant à Paris que dans toute autre ville du Royaume et de l'Etranger; enfin, de toutes les commissions et sollicitations qu'exigent (ne devrait-on pas dire qui exigent?) les soins d'un ami, mais il est seul autorisé à s'annoncer pour les commissions de cette espèce. » Je ne relève pas le mot « royaume », qui revient, avec une insistance fâcheuse, sous la plume d'un rédacteur hostile ou indifférent à la politique révolutionnaire, mais je dois insister sur le caractère tout spécial de ce « Bureau » tutélaire, mi-officiel, mi-privé, et sur les garanties matérielles, énormes pour le temps, qu'il offrait : « La Compagnie qui a acquis ce privilège est solidaire et a déposé, en outre, pour la sûreté du public, un cautionnement de cinq cent mille livres. » Une société au capital de 500.000 francs paraîtrait aujourd'hui bien mesquine; mais, pour le Bureau général, la somme était un fonds de garantie, un cautionnement, qui devait pleinement rassurer des clients peu blasés encore sur les sinistres financiers. En se déclarant « solidaire », la Compagnie assumait, d'ailleurs, la plus entière responsabilité.

Le Bureau de correspondance nationale et étrangère semble avoir eu, à Nantes, à cette époque, une réelle importance. Il le devait à sa nature même et à la valeur de son représentant. En effet, si l'on pouvait s'adresser au citoyen Benezech (un Breton,[1] selon toute apparence), directeur général du Bureau et l'un des propriétaires du privilège, rue Neûve-Saint-Augustin, à Paris, les Nantais trouvaient plus expéditif d'aller consulter un de leurs compatriotes, très estimé, très capable, vraiment universel, le citoyen Mangin, déjà nommé directeur du Bureau général de la régie de la petite poste, rue J.-J.-Rousseau.

Si cet assemblage de « royaume » et de « citoyen » vous semble un peu trop bizarre, prenez-vous en à la veuve Despilly, décidément sujette à s'écrier, comme le personnage de La Fontaine : « Vive le Roi ! Vive la Ligue ! ».

LES POIDS, LES MESURES ET LES MONNAIES.

Poids et mesures.

Avec les « Poids et Mesures », nous abordons encore un chapitre curieux. Delambre et Méchain venaient de trouver le mètre; mais le système métrique, qui a tout simplifié, tout unifié, n'était pas encore en vigueur. Au lieu d'une unité de longueur, de capacité, de poids, on se servait encore de toutes les mesures de l'ancienne France, variant avec chaque province, presque avec chaque ville. A ce point de vue spécial, les huit ou dix pages consacrées par les *Etrennes nantaises* aux *Poids et Mesures* gardent une saveur locale très piquante. Je veux au moins en retenir quelques traits.

Toujours fidèle à ses attaches monarchiques, le rédacteur commence par nous déclarer que le principe et la règle de toutes les mesures en France est le pied de Roi (par un grand R), tel qu'il fut vérifié et déterminé à Paris en 1668, et dont une matrice en bronze est déposée à l'Hôtel de Ville de Nantes. Suivent les divisions du pied, communes à tout le territoire. Mais, en arrivant à la toise linéaire, qui a six pieds de longueur, nous cueillons cette phrase typique, bien digne d'être dédiée aux édiles : « La toise linéaire de faveur à Nantes depuis 1767 se paye aux paveurs de la ville sur 36 pieds carrés, dont le côté linéaire est de 6 pieds. »

Continuons. La citation qui va suivre fourmille de mots du cru, de vrais locutions nantaises, appliquées aux distances. « Les terres en la banlieue de Nantes se mesurent sous différentes dénominations. Les terres labourables se mesurent à la boisselée, les vignes à l'hommée; les prés à l'ondain et au petit journal; et, pour déterminer ces différentes mesures, on se sert constamment de la gaule nantaise, longue de 7 pieds 1/2, dont le carré fait 56 pieds un quart carrés ». Suivent des définitions savantes de l'hommée (que nous définirons plus simplement « la partie de terre qu'un homme peut labourer en un jour »); de la boisselée, l'étendue de terrain qu'on peut ensemencer avec un boisseau de blé; de l'ondain, mesure essentiellement bretonne et même nantaise, qui contient 20 gaules carrées. Quant au petit journal, il ne faut pas le confondre avec le journal simplement dit, équivalent au carré de 80 cordes linéaires de Bretagne ou à 1.280 toises carrées ou encore à 46.080 pieds carrés superficiels. On mesure encore à la perche et à l'arpent. Mais, en Bretagne, c'est le rapport des diverses mesures (boisselée, hommée, ondain, petit journal) au journal, qui fait foi. Et les arpenteurs, qui savaient tout cela sur le bout du doigt, n'avaient certes pas le temps de s'ennuyer. Ils ne pouvaient ignorer, non plus, que dans le pays de Retz, où la gaule linéaire est de 8 pieds et la boisselée de 216 gaules carrées, trois boisselées et quatre sillons font un journal ordinaire de Bretagne; et aussi que dans quelques endroits du Comté Nantais (encore un comté, ô force de l'habitude !), la boisselée de terre et la gaule sont plus ou moins grandes que la boisselée et la gaule de la banlieue de Nantes.

Passons aux étoffes. On aunait, comme dans *Maître Pathelin*, les draps de laine, les toileries. Mais ne croyez pas que l'aune de Paris, conforme à la matrice déposée à l'Hôtel de Ville en 1748, fût pareille à l'aune de Nantes. L'aune nantaise, « à laquelle on mesure les toiles qui s'apportent au marché », est à l'aune de Paris comme 6 est à 52 ; elle contient 52 pouces 8 lignes; elle diffère encore de l'aune de Bretagne proprement dite, qui n'a que 50 pouces, et à laquelle se mesurent les toiles nommées Combourg, Bazouges, Halles, Saint-Georges, Beurières et les toiles à voiles. D'autres toiles, nommées Grands ou Hauts Brins de Dinan, se mesurent à une autre aune de provenance inconnue et qui a 72 pouces. A Nozay, ils ont une mesure qui s'appelle la verge et qui se calcule, non sur l'aune de Nantes, mais sur celle de Paris. C'est à y perdre la tête, et je vous fais grâce de l'aune de Vitré, de l'aune de Laval, remarquant tout de même que Laval, qu'un caprice administratif détache de l'Ille-et-Vilaine, est toujours considéré comme ville bretonne, et aussi, qu'entre toutes ces toiles de Bretagne, on ne cite pas la seule qui ait conservé de la notoriété, celle de Quintin.

Arrivons aux mesures de capacité, et d'abord à celles du bois à brûler. Il y avait la brasse de 5 pieds de hauteur sur 5 pieds de largeur, toute composée de bûches de 5 pieds de longueur; il y avait déjà la corde, toujours usitée, ou « hanoche » de bois de chauffage, ayant 8 pieds de largeur sur 4 pieds 1/2 de hauteur.

Le charbon de bois se vendait au boisseau. Des sacs emplissaient la barrique nantaise, « comblée par dessus les bords ».

La chaux se mesurait au cotteret, dont neuf font la pippe et quatre et demi font la barrique. 52 barriques ou 26 pippes composaient « une fourniture » de chaux.

Le muid de sel contenait 12 septiers, le septier 4 « minots » ou 16 boisseaux. La vente du sel dans les pays de marais salants ne se faisait pas partout de la même façon.

A Bourgneuf on le vendait à la charge, 28 septiers pesant deux tonneaux et demi ou 5.000 livres. Au Pouliguen et au Croisic, il se vendait par muid de ville contenant 133 quartauts et demi nantais. Le muid pesait un peu plus que la charge de Bourgneuf, 5.340 livres au lieu de 5.000.

Une partie de la Loire-Inférieure est pays vignoble. Ce qui touche le gros plant et le muscadet n'a jamais laissé les Nantais indifférents. Comment mesurait-on le vin en 1793? Non pas par muid ou demi-muid, comme à Paris, mais par tonneau. Le tonneau de vin à Nantes contenait 2 pipes; la pipe deux barriques ; la barrique 120 pots. Une question se pose : quel était le rapport du vieux «pot» nantais au litre actuel? Nous trouvons plus loin que la barrique nantaise devait avoir, en dedans, d'un bout à l'autre, 31 pouces et demi, mais que l'épaisseur des fonds taillés, en biseau et à l'intérieur, en diminuaient la capacité. Il n'entrait dans la barrique ainsi réduite que 232 pintes ou 29 veltes 8 pintes. L'ancienne mesure dénommée velte équivalait à 7 litres 1/2; la pinte ne valait pas tout à fait un litre; la barrique de l'époque contenait environ 225 litres; c'est la contenance du temps présent, à bien peu de chose près.

Rien de particulièrement nantais ne s'appliquait aux poids, qui se calculaient par milliers, cents ou quintaux, livres, marcs, onces, gros et grains. N'oublions pas que la livre en médecine se divisait en onces, l'once en drachme, la drachme en simpules, le simpule en oboles, l'obole en grains. Je ne crois pas que dans les vieilles officines pharmaceutiques on ait tout à fait renoncé au « simpule » et à « l'obole ». Les matrices des poids, comme celles des mesures, étaient déposées à l'Hôtel de Ville de Nantes. Le Gouvernement s'attribuait un droit de haute surveillance; il avait désigné un ajusteur des poids et mesures pour Nantes et le département de la Loire-Inférieure, qui se nommait Pinot et habitait en plein centre de ses opérations « près la Halle au bled ».

Pinot avait un contrôle très strict à exercer sur les

grains, et rien n'est plus minutieusement détaillé dans les *Etrennes* que le « Rapport des mesures des grains de divers lieux à celles de Nantes. »

J'ai déjà fait ressortir une différence entre le muid de vin de Paris et le tonneau de vin de Nantes. Elle s'accentuait pour les grains. Un tonneau de grains de toutes sortes, mesure de Nantes, occupait précisément l'espace d'un tonneau de mer (on dit plutôt *tonne marine*), soit 40 pieds cubes, il contenait 10 septiers qui pèsent, le froment, environ 2.250 livres, et le seigle, 2.000 livres. Le septier contient 16 boisseaux, et chaque boisseau nantais contient 446 pouces cubiques, conformément à l'étalon de bronze conservé à la Maison de Ville. 10 muids de Paris sont égaux à 13 tonneaux de Nantes.

Retenons la différence de poids entre le froment et le seigle, que la qualité de la récolte peut rendre encore plus considérable, et relevons, au passage, une autre mesure, la culasse « beaucoup en usage pour les bleds ». Elle contient 24 boisseaux, soit un septier et demi de Nantes.

Différences des poids et mesures en France.

Le tableau comparatif des mesures usitées pour les grains dans les diverses villes et localités de France ne manque point d'intérêt. Mais, pour en tirer quelques conclusions pratiques, il faudrait le transcrire en entier, ce qui dépasserait les limites de cette étude. Laissant de côté Châtellerault, Chinon, Angers, Tours, même Blois, où l'on comptait une certaine quantité de mines au muid, tandis qu'Étampes opérait par sacs, et Dunkerque par razières, je ne retiens que les villes de la Loire-Inférieure, de la Vendée ou des autres départements bretons que leur voisinage de Nantes font entrer dans notre cadre.

Le tonneau de Machecoul a 40 boisseaux; il rend à Nantes un tonneau 4 boisseaux. Même observation pour Beauvoir, Saint-Gilles, La Barre-de-Mont, Moric (ou Moricq), Les Sables, Bourgneuf. Luçon mesurait comme Nantes.

Bouin donne 9 septiers ; Guérande, 9 septiers 8 boisseaux. Belle-Isle-en-Mer est dans les mêmes conditions que Guérande.

A Palluau (chef-lieu de canton de l'arrondissement des Sables-d'Olonne), 63 boisseaux pèsent 3.02 4livres; il y a 31 pour cent de bénéfice.

A Prigné (*sic*) (nom ancien de Prigny), près Paimbœuf, on trouve 10 septiers au tonneau, comme à Nantes. Mais le septier est de 9 quintaux, dont chacun vaut deux boisseaux de Nantes. Il s'ensuit que le septier de Prigné donne à Nantes 18 boisseaux au lieu de 16.

A Noirmoutier, le tonneau de 2.400 livres équivaut encore à un tonneau un septier nantais.

64 demeaux d'Ancenis font, à Nantes, un tonneau quatre boisseaux.

La *pochée* de la Haye, de la Haye-Fouassière, sans doute, a une physionomie bien nantaise. Comme contenance, elle se rapproche du sac d'Étampes; il faut 8 sacs 3/4 et 7 pochées 3/4 au tonneau.

Chemin faisant, nous constatons, d'après les mesures de Saumur et de Montreuil (Montreuil-Bellay), que les haricots pèsent plus que les fèves, et le septier de Paris, qui donne 9 septiers pour le tonneau de Nantes, nous apparaît bizarrement intercalé entre le septier de Chartres et le boisseau de Montmorson (*sic*) (peut-être Montmorion, pour Montmorillon). La Flèche a 30 livres au boisseau, 75 au tonneau.

Voici la Haute et la Basse-Bretagne dans un pêle-mêle de moyennes et petites villes : Auray, Pont-l'Abbé, Redon, La Roche-Bernard, donnent à Nantes 8 0/0 de bénéfice; Quimper, de 7 1/2 à 8 0/0 en avoine ; Hennebont, et Quimperlé, jusqu'à 40 0/0, avec 40 *minots* pour le tonneau à Hennebont.

A Vannes, il y a deux mesures : la plus ordinaire, qu'on nomme grande mesure, est de 20 0/0, l'autre de 10. Les boisseaux de Tréguier, de Lannion, de Lesneven, de Pont-Croix s'alignent à côté du quartier de Morlaix, qui est de 140 livres pour le seigle, du tonneau de froment de Landerneau et de celui de Lézardrieux (les *Etrennes* écrivent les Ardrieux), qui pesaient 2.400 livres chacun.

Le boisseau de Saint-Malo contient 70 livres, le *baste* de Dantzig et celui d'Amsterdam, que l'on s'étonne un peu de rencontrer ici, équivalent, l'un et l'autre, à 2 tonneaux 1 septier.

Pour en finir, mentionnons ce que le tonneau de Nantes donne ou rend aux mesures des principales villes maritimes ou fluviales avec lesquelles la ville est en rapport d'affaires. Il est semblable au tonneau de La Rochelle. Il donne à Bordeaux et à Libourne 18 boisseaux en froment et seigle, 20 boisseaux en fèves « à cause de la mesure comble ». A Dunkerque, il demande 8 razières 1/4 pour équivalent exact. Il rend à Bayonne 34 *concques*; à Saint-Sébastien 24 *fanegues* (la fanegue espagnole vaut 60 litres); à Bilbao, 21 fanegues; à Cadix, 24 fanegues 1/2; à Murcie, huit charges 1/2 trois quarts.

Malgré la monotomie des chiffres, il m'a paru curieux d'insister sur cette partie des *Etrennes nantaises*. L'importance des transactions commerciales de Nantes avec les villes de France et d'Europe ressort de ce tableau comparatif, qui en dit long sur les complications des mesures nationales et internationales avant l'établissement du système métrique.

Monnaies.

Un autre tableau, celui des *monnoies étrangères réduites en argent de France*, outre qu'il a un intérêt purement rétrospectif, ne présente aucune particularité nantaise. Le liard et le denier ne sont plus que des symboles; si les paysans de la Loire-Inférieure comptent encore par pistoles et par écus, ils ne sont pas les seuls. Quant aux monnaies étrangères, guinée anglaise, florin de Hollande ou d'Autriche, doublon et piastre d'Espagne, ducats d'or de Venise, rouble de Russie, dollar de Boston, taël de Chine, sequin du Grand Mogol, roupie des Indes, nous retrouverions la plupart d'entre elles aux vitrines des changeurs, excitant la curiosité ou l'envie. Nantes n'a point à les revendiquer, mais ce *nota* philosophique est à retenir : « Les valeurs varient quelquefois suivant le taux du change ou les besoins d'argent. »

RÉCLAMES ET ANNONCES

Annonces, avis, réclames.

Passant brusquement d'un sujet à un autre, les *Etrennes nantaises* insèrent ici des « Avis divers » d'une saveur et d'une couleur bien locales. Le premier avis a un caractère officiel; il annonce l'ouverture de cours d'accouchement « en faveur des sages-femmes ». En conformité d'un arrêté pris le 2 avril 1792, par le Conseil d'Administration de la Loire-Inférieure, un concours public avait eu lieu en présence de ce Conseil, le 18 juillet suivant. Les citoyens Etienvrin et Godebert, officiers de santé du Collège de Chirurgie de Nantes, que nous avons rencontrés déjà, avaient été élus « professeurs pour les accouchements ». L'avis prévenait les intéressées qu'ils donneraient leurs leçons tous les jours pendant le courant de l'année, de 10 heures du matin à 1 heure après-midi. Ils s'étaient partagé l'année par semestres; Etienvrin professait en sa demeure, rue du Bignon-Lestard, n° 90, du 1er juillet au 31 décembre, et Godebert en la sienne, rue des Halles, n° 15, du 2 janvier au 30 juin. Le Département allouait une somme de 250 livres par personne à cinq femmes de la campagne pour le logement et la nourriture pendant leur année d'études. Si ces braves femmes n'avaient pas d'autres moyens d'existence, elles devaient, malgré les prix de l'époque, avoir de la peine à s'en tirer. Pourtant, l'avis communiqué aux *Etrennes* qualifiait de « faveur » un traitement dont une cuisinière, logée et nourrie par ses maîtres, ne se contenterait pas aujourd'hui. « Celles qui voudront profiter de cette faveur et dont l'âge sera entre 25 et 40 ans, disait l'annonce, s'adresseront à leur municipalité, qui en donnera avis au Département par la voie du District. » Toutes les formalités administratives étant ainsi bien remplies, les villageoises, ni trop jeunes, ni trop mûres, devenaient élèves sages-femmes et suivaient les cours des éminents médecins, pourvus du certificat de civisme, Etienvrin et Godebert. Et leurs collègues de la ville ? Les hébergeait-on aussi aux frais du département ? leur demandait-on aussi d'avoir l'âge de raison ou l'âge canonique ? On aimerait à le savoir.

Une barre transversale sépare le communiqué officiel des autres « avis divers », qui sont plus ou moins des réclames, dirions-nous à présent; médecins et chirurgiens ne dédaignaient pas alors cette façon un peu bruyante de se recommander au public.

Le citoyen Godebert, qui exerçait sous Louis XVI, accoucheur patenté, revient à la charge : il annonce qu'il a établi chez lui un hospice pour y accoucher les femmes et filles. Les pauvres y seront admises gratuitement « au terme de leur accouchement ». Celles qui seront en état de payer payeront selon leurs moyens et les soins qu'exigera leur santé, « ce qui sera toujours médiocre », ajoute le bon docteur, employant « médiocre » dans le sens de « modique ». Un vrai philantrophe, ce Godebert; il donne même des chambres à celles qui en désirent. Entre nous, je crois qu'il voulait éclipser son collègue des cours d'accouchement, le citoyen Etienvrin, et qu'il promettait beaucoup, quitte à tenir moins.

Bisson, chirurgien et professeur, élu sous l'ancien régime démonstrateur d'anatomie, se pose en oculiste. Il a fait avec succès, c'est lui qui le dit, plusieurs opérations de la cataracte; il affirme, dans une formule aussi prétentieuse que banale, qu'il entreprendra la guérison de tous ceux qui voudront bien se confier à ses soins. Vous qui souffrez, venez donc tous à Bisson; il est universel, ce qui ne l'empêche pas d'être spécialiste.

L'ophthalmologie ne lui suffit pas. Il prévient sa clientèle et le public que, depuis la mort du sieur Camin, expert pour les descentes, on trouvera chez lui les mêmes secours (*sic*) qu'on trouvait chez le défunt, homonyme, probablement un ancêtre, du gendre d'Emile Péhant. Bisson met son adresse, rue Girardon, au bas de la réclame.

Thomas, maître ès art en chirurgie et chirurgien de la ville de Nantes, annonce au public qu'il est reçu « chirurgien aux rapports ». Il a pris la charge que tenait et exerçait ci-devant Béchet, dont il espère bien prendre aussi la clientèle. Il a une façon bizarre de donner son adresse : il demeure à l'entrée de la Fosse, vis-à-vis le premier arbre, *rue Thomas*. Comme cela se trouve ! S'appeler Thomas, demeurer rue Thomas ! Le Diafoirus de Molière s'appelait aussi Thomas.

Mais voici qui devient grave et prouve l'impartialité intéressée des *Etrennes*. Feu Camin, déjà nommé, avait un beau-frère du nom de Labadie « reçu chirurgien-expert pour la guérison des descentes ». Ce Labadie fait une annonce à son tour, sur la même page que celle de Bisson et dix lignes plus bas. Il déclare qu'il est le seul à Nantes qui s'adonne particulièrement à cette branche de l'art de guérir et qu'on trouve chez lui tous les secours possibles (encore !) contre cette affection chirurgicale. Il habite rue Bon-Secours, près la Poissonnerie; cela n'est pas si loin de la rue Girardon. Son rival Bisson et lui ont dû justifier le vieil adage : *Medicorum pessima.*

A la suite de ces boniments, le maître d'écriture de la ville, Papin, le Favarger ou l'Alaberte de son temps, glisse une petite note, simple et timide, pour annoncer qu'il tient classe, matin et soir, rue Saint-Nicolas.

Darbefeuille, membre et professeur du Collège de Chirurgie (le chirurgien de l'Hospice des enfants orphelins et bâtards) reprend et clôt la série des avis médicaux.

Il donne les dates d'ouverture et de clôture de ses cours d'anatomie, d'ostéologie, de dissections, de maladies chirurgicales, de physiologie expérimentale, de pathologie, de thérapeutique et de matière médicale. Malgré la surcharge du programme et l'abondance des mots, on se sent en présence d'un praticien plus sérieux que les autres, d'un professeur soucieux d'instruire ses élèves et qui joignait l'exemple au précepte. A la fin de l'Empire il exercait encore, quai de l'Hôpital, 8.

LES RUES

Anciennes et nouvelles rues

Nous touchons à la fin des *Etrennes*. Deux tables alphabétiques les terminent ; l'une, des nouveaux noms donnés aux rues, places et quartiers de la ville ; l'autre, des noms suprimés, avec renvoi aux nouveaux noms.

Il serait fastidieux de citer ces noms de rues, de mettre en parallèle les anciens et les nouveaux. D'ailleurs, je me répéterais, car j'ai eu souvent l'occasion de préciser la situation d'une rue débaptisée, en rappelant le nom qu'elle avait porté avant la Révolution et qu'elle a repris depuis.

Le souci des municipalités nantaises républicaines était, non pas d'effacer les traces du passé, mais surtout de remplacer les appellations religieuses, très fréquentes de tout temps à Nantes, par des dénominations historiques, littéraires, parfois locales. Voici quelques exemples qui ne se sont pas encore présentés sous ma plume. La rue des Pénitentes était devenue rue Bacon ; la rue des Cordeliers, rue Caylus ; la rue Saint-Lazare, rue Cazanove ; la petite ruelle de la Magdelaine, rue Cervantes ; la rue Notre-Dame, rue Delille ; la rue Sainte-Catherine, rue Delorme ; la rue des Capucins, rue Fourcroy; la rue des Récollets rue Grotius; la rue des Jacobins, rue Jussieu ; la rue Saint-Vincent, rue Mably; la rue des Carmélites, rue Maupertuis; la petite rue des Carmélites, rue Milton ; la rue des Ursules, rue Pigalle ; la rue

Saint-André, rue Pope ; la rue Saint-Antoine, rue Rabelais ; la rue Saint-Denis, rue Racan ; la petite rue Notre-Dame, rue Tintoret ; la rue Saint-Laurent, rue Vincy (sans doute Léonard de Vincy). Il faut avouer que ces nouveaux noms de rues n'étaient pas mal choisis et témoignaient, chez les édiles, d'une érudition assez fine ou de lectures variées.

Quelques concessions au goût romain du temps avaient créé une rue Cincinnatus, fait une rue Brutus, de la rue Premion ; une rue Scevola, de la place de l'Eperon ; une place des Gracques, de la place Saint-Pierre. Comme contre-partie, on peut citer la rue Bossuet, qui remplaçait la rue de Briord. En devenant la rue Fénelon, la rue Sainte-Claire ne dépouillait presque pas son caractère religieux.

Il était tout naturel que les enseignes royalistes disparussent devant les enseignes républicaines ; qu'il y eût une place, un quai, un cours de la Liberté ; que le cours nouveau, qui venait d'être créé sur le terrain des Capucins et qui devait répondre plus tard aux noms de cours Henri IV, de cours Napoléon, de cours Cambronne, s'appelât alors, comme aujourd'hui, cours de la République ; que la rue Royale devînt rue du Peuple-Français.

On pouvait regretter quelques anciens noms de rues pittoresques ou bizarres, dont quelques-uns ont reparu, d'ailleurs. Nous avons revu la rue Moquechien, que l'on appela Basse-Porte et qui a disparu pour toujours à la création de la rue Jeanne-d'Arc, et la rue de l'Abreuvoir, artistiquement dénommée rue Raphaël en 1792. La rue du Merle-Blanc, sur « le territoire Graslin », a conservé son nom, plus français que républicain, de rue Boileau. Nul ne songera, je crois, à déplorer que le quai des Fumiers soit devenu et reste quai Magellan. Mais la rue Bignon-Lestard a perdu à l'échange de son appellation archaïque en celui de rue Rubens, car Nantes ne doit rien à la mémoire du célèbre peintre flamand, tandis que l'ancien nom consacrait un souvenir local. Je n'aime pas, du reste, en principe, que l'on débaptise les rues dont le vocable perpétue l'histoire d'une ville. Il se créera toujours assez de percées nouvelles pour y placer les noms des célébrités du passé et de celles qui surgiront dans l'avenir.

CONCLUSION

Peu de changements au fond.

La Révolution, en somme, n'altéra pas beaucoup, même dans les noms des rues, l'aspect du vieux Nantes, que nous retrace encore au vif un plan accompagnant « à volonté » l'*Indicateur* de Guimar vendu place du Pilori, l'An troisième de la Liberté.

On peut, en rassemblant les détails qu'une patiente analyse nous a permis de retrouver, reconstituer la ville par la pensée, comme Victor Hugo l'a fait pour le Paris du XVe siècle. Et, devant ces maisons somptueuses, où des richesses commerciales s'accumulaient, on sera tenté de donner raison au citoyen La Vallée, qui, visitant Nantes en cette même année 1793, écrivait : « La Fosse, l'île Feydeau et quelques autres cantons de Nantes le disputent en magnificence aux plus superbes villes de l'Europe. »

FIN

TABLE

Nantes. — Imp. A. Dugas et Cie, 5, quai Cassard.

www.ingramcontent.com/pod-product-compliance
Ingram Content Group UK Ltd.
Pitfield, Milton Keynes, MK11 3LW, UK
UKHW021117220726
13924UKWH00004B/1762